Vif-Argent

Castor Poche
Collection animée par
François Faucher et Martine Lang

Titre original :
ROVELLÓ

A Pedro et Juan Sirera y Soler

Une production de l'Atelier du Père Castor

JOSEP VALLVERDU

Vif-Argent

traduit de l'espagnol par

ANNE-MARIE POL

illustrations de

BERNARD JEUNET

Castor Poche Flammarion

Josep Vallverdu, l'auteur, est espagnol. Il est né en 1923 à Lleida, capitale de la Catalogne ouest. Il vit actuellement à L'Espluga de Francoli, une ville en plein soleil, à trente-huit kilomètres de Tarragone.

« Après avoir enseigné pendant quarante-trois ans, je suis aujourd'hui écrivain et traducteur. J'ai traduit en espagnol plus de quatre-vingts livres, de l'anglais, de l'italien et aussi du français. »

Josep Vallverdu est l'un des auteurs les plus connus de la littérature enfantine en langue catalane. Il a reçu d'importants prix pour son œuvre tels que le « National de Literatura » du Ministère de la Culture, et celui du Gouvernement Autonome de la Catalogne. En 1988, il a été le candidat espagnol pour la Médaille H. C. Andersen.

« Enfant déjà, j'aimais inventer des histoires pour mes camarades et, à douze ans, j'avais déjà mis par écrit des récits et des pièces de théâtre. Par la suite, j'ai réalisé des textes très divers (essais, livres d'écoliers...) mais j'ai surtout écrit des romans pour la jeunesse.

« Écrire, c'est une façon de vivre, presque de respirer. J'en tire, en même temps qu'un délassement, un élan constant.

« Grand amateur de chiens et de chats, j'ai imaginé, en écrivant *Vif-Argent*, un chien type, dont le caractère serait un résumé de tous les chiens que j'ai connus. Ce roman a eu presque un million de lecteurs en Espagne et a obtenu plusieurs prix. Il a été traduit en russe et en italien. »

Anne-Marie Pol, la traductrice :

« D'où vient à quelqu'un l'envie d'écrire ? C'est toujours difficile à expliquer... Dans mon cas, il me semble que cette envie (ce besoin peut-être) est liée à l'habitude de voyager, depuis l'enfance. Écrire n'est-il pas la découverte d'un inconnu que l'on rend sien, familier, avant de le quitter, exactement comme un pays étranger ?

« C'est ce qui m'est arrivé avec l'Espagne et qui me pousse maintenant, parallèlement à mon travail de romancière, à traduire des livres espagnols, sans doute pour retrouver, à travers la langue, les images endormies qu'elle réveille, les parfums oubliés qu'elle rappelle, un tout petit peu du pays perdu.

« Coïncidence troublante, mes propres livres sont traduits en Espagne. Et c'est comme si mes personnages me prenaient par la main, pour m'emmener là-bas, encore une fois. »

En tant qu'auteur, Anne-Marie Pol a publié dans la collection Castor Poche : *La Reine de l'Ile.*

Bernard Jeunet, l'illustrateur, est né en 1956 à Lorient en Bretagne. Il a fait toutes ses études aux Beaux-Arts de Rennes.

« La nature tient une place importante dans ma vie, dit-il, et je pars volontiers pour de longues balades à pied à travers prés et bois, au fil des saisons. C'est un peu mes émerveillements devant la vie sauvage que j'aime faire passer dans mes dessins, où plantes et bêtes tiennent souvent la première place. »

Vif-Argent :

Vif-Argent n'est encore qu'un tout jeune chiot, faible et inexpérimenté, lorsqu'il s'échappe de la voiture de ses nouveaux maîtres. Sa première nuit à la belle étoile, dans une nature peuplée de bruits inquiétants, est une dure épreuve.

Heureusement, au matin, Vif-Argent est recueilli par Louison, un jeune paysan, qui l'emmène avec lui à la ferme de son oncle. Dans sa nouvelle maison, Vif-Argent va faire son apprentissage de la vie, se mettant parfois dans des situations délicates. Jusqu'au jour où son intelligence, sa vivacité et son habileté attirent l'attention d'un dresseur de chien.

Capturé, maltraité, emmené dans un cirque à des kilomètres de la ferme, Vif-Argent va s'échapper et tenter de rejoindre « sa » maison...

Grand Prix 1990
des lecteurs J'aime lire

1. La première fugue

Une voiture file le long de la route. A toute allure. Dans les lignes droites, elle vrombit comme un avion qui va décoller, ou presque. C'est une grande voiture, une grande voiture luxueuse.

Que fait-elle dans ce paysage ?

A droite, nous avons des montagnes ; à gauche, une large vallée humide avec des prés pleins d'herbe, des bouquets de pins et de chênes ; sur les côtés, les fermes s'égrènent face au soleil, chacune avec son appentis et son chemin privé qui conduit à la route.

C'est un coin perdu des plaines

d'Urgel, dans la province de Lerida * ; il est loin des routes nationales et des grandes villes. Bizarre de voir, dans ces parages, une voiture immatriculée à l'étranger !

Une famille occupe cette voiture : le père, la mère et les enfants : un garçon et une fille. La mère somnole et le père est attentif à la route, les mains serrées sur le volant.

Mais que les enfants sont agités, à l'arrière ! Pourquoi ? A cause d'un cinquième passager... Un petit chien ! Et comme tous les bébés-chiens, il a l'air d'un jouet.

Pourtant, aucun jouet n'est comparable à un chiot dodu au regard tout à la fois curieux, désemparé et malin.

La fille porte le petit chien sur ses genoux. Elle refuse que le garçon y touche.

– Il est à moi.

* La province de Lerida fait partie de la Catalogne, région du nord-est de l'Espagne, baignée par la Méditerranée et que la chaîne des Pyrénées sépare de la France.

– Non, il est à nous deux, hein, papa ?

Le père ne répond pas.

– Hein, qu'il est à nous deux ? insiste le garçon.

– Il appartient à toute la famille, mais si vous le secouez trop, il ne grandira pas.

La mère, la tête appuyée au coussin, se retourne un peu un instant, entrouvre les yeux, puis se rendort.

– Pourquoi tu ne me laisses pas le caresser ? se plaint le garçon.

Le père ordonne à sa fille de remettre le chiot dans sa boîte. Elle tire la langue à son frère et lui tourne le dos. Elle soulève l'animal à deux mains pour le déposer dans un carton à chaussures, sur la plage arrière.

Le chien pleurniche, s'agite, sort la tête, bâille.

La voiture poursuit son voyage. Elle fonce.

Le chiot (il a quelques semaines à peine) regarde par la vitre et en est tout étourdi. On dirait que le paysage s'enfuit à toutes jambes. Cette vitrine ne ressemble pas à celle qu'il a connue jusqu'à maintenant. Ici, tout bouge, tout apparaît et disparaît, aussi vite.

Il bâille encore. Il se met en boule au fond de la boîte, comme une pelote de laine.

Agenouillés sur le siège, les deux enfants le contemplent. Le chien pousse un profond soupir, son corps de peluche se dégonfle. Et il s'endort.

– Tu te souviens de la vitrine ? dit la fille.

– Évidemment ! Et des dix ou douze petits chiens.

– Moi, je suis tout de suite tombée amoureuse de celui-là !

– Tombée amoureuse !

Le garçon fait la grimace.

– Oui, tombée amoureuse ! On l'aime d'un coup, ce petit chien !

Le père intervient :

– Asseyez-vous ou vous allez tomber.

Les enfants obéissent.

– Comment va-t-on l'appeler ? demande le garçon.
– On verra bien.

Après deux virages bien raides, le paysage devient plus boisé. A gauche, les arbres sont très serrés, à droite, ils s'éparpillent sur les prés qui gravissent le versant.
– On va s'arrêter un peu ici, annonce le conducteur.

Bonne idée ! Ils sont contents de se dégourdir les jambes ! La mère dort toujours. Elle ne se rend pas compte que la voiture a stoppé.
– Ne la réveillez pas, ordonne le père.

Ils sortent de la voiture.
– Je vais emmener le petit chien, dit la fille.
– Non, laisse-le dedans... Il doit être plus mort que vif.

Et c'est ainsi que tout a commencé.

Le père et les deux enfants s'éloignèrent pour escalader un peu la colline, et le chiot se rendit compte que plus rien ne bougeait. Les arbres ne défilaient plus à toute vitesse. Il n'y avait plus ni roulis ni tournants.

Il se dressa sur ses courtes pattes (des pattes robustes, un peu arquées) et regarda par la vitre arrière. La route était noire, bordée de taillis luxuriants.

Par la portière qu'un des enfants avait laissée ouverte, un papillon entra. Curieux, le chiot leva la tête pour flairer cette chose légère de son court museau humide. Il étirait le cou autant qu'il pouvait.

Le papillon, minuscule et blanchâtre, voltigea vers le plancher de la voiture. Le petit chien pointait ses oreilles, plissait le front. Il se mit à gémir. Il avait les pattes avant hors de la boîte et essayait de descendre le long du dossier, en un tâtonnement tremblant. Quand il voulut reculer, c'était trop tard. Il dégringola sur le siège et, de là, sur le tapis.

Quelle odeur de poussière ! Il avait envie de tousser... Mais d'autres odeurs lui arrivaient : celles des herbes, de la terre humide, le parfum de la femme qui dormait sur le siège avant.

Il leva une patte pour attraper le papillon, mais celui-ci s'échappa par la portière. Le chien heurta le montant. Il se fit mal et il ricocha dans une cabriole inattendue qui le jeta sur la route.

Il eut peur. Il n'était jamais sorti du magasin où l'on vendait des chiens, des perroquets et des chats. Il n'avait jamais goûté à l'air vif de la montagne ou de la campagne.

La peur le recroquevilla sous la voiture. Le vent qui frôlait les feuilles des arbres l'affola. Éperdu, il traversa la route. Et il tomba dans un sentier glissant, de l'autre côté. Il roula parmi les feuilles mortes et le fenouil sauvage, parmi les liserons et le thym.

Quand il s'immobilisa, il ne vit plus la route. Il entendait des voix ; quelqu'un l'appelait, mais il était déjà trop loin : il ne pouvait plus remonter, il ne savait pas retrouver son

chemin. Il était en plein milieu du bois, et, sur ses courtes pattes, il allait faire sa première longue marche.

En fait, il commençait à vivre.

2. Louison

A sept heures du matin, le soleil illuminait tout d'une clarté rosâtre. Il montrait son nez derrière les montagnes, caressait les toits des maisons. Tenace, il repoussait les ombres.

Les poulaillers se remplissaient de bruits, de battements d'ailes, de conversations entre leurs habitants, un coq paresseux lançait malgré tout son chant et un tracteur sortait du village.

Tout le monde connaissait le tracteur de Louison. Tout le monde savait que, de bon matin, il le conduisait à la ferme.

Louison était un vigoureux garçon de dix-huit ans qui avait toujours le sourire. Il habitait le village, mais il travaillait à la ferme, chez son oncle et sa tante.

Louison était habillé d'une chemise à carreaux, d'un jean, et portait une casquette à l'immense visière ainsi que d'épaisses sandales. Bref, il était vêtu comme un « tractoriste ».

Lorsqu'il arrivait à la ferme, deux chiens venaient l'accueillir : Sanda et Mouillé. Mouillé était un de ces braques au museau saillant qui sont très doués, paraît-il, pour la poursuite du gibier. Il était le fils de Sanda qui était aussi un chien de chasse. Plus mince et plus légère que lui, elle était cependant plus calme, comme il convient à une mère de famille.

Mouillé était braillard et turbulent, une vraie tête de linotte. Il n'avait que huit mois et il gardait des tas de souvenirs de sa petite enfance, de l'époque où il passait son temps à jouer sur l'ancienne aire de la ferme.

Chaque matin, Louison aimait déboucher sur l'aire dans un bruit d'enfer. Il klaxonnait, terrorisant les poules et faisant trembler les chiens. Il effrayait aussi la tante Nora...

Ce qui se produisit ce jour-là. Louison fit irruption, dans l'enceinte de la ferme, d'un coup d'accélérateur. Devant lui s'enfuirent une nuée de poussins, une envolée de pigeons... Et, de ses roues, il écrasa les fagots de sarments empilés.

La tante Nora était bonne comme le pain, mais d'un abord rude. Elle cria du seuil :

– Tu es fou ! Fou à lier !

Elle hochait la tête d'un côté et de l'autre, suivant son habitude. Et pour bien montrer à son neveu qu'il était le cadet de ses soucis, elle s'engouffra dans la maison.

Celle-ci avait été autrefois une demeure bourgeoise. Elle en gardait les hautes fenêtres, l'arc en ogive au-dessus de la porte et la façade en pierres de taille. Les occupants actuels se contentaient de la cuisine et de deux chambres : toutes les autres pièces restaient vides.

Il faut dire que ces occupants n'étaient que trois : la tante Nora, l'oncle Pablo et un ouvrier, surnommé Rizotto, plus tout jeune mais fort comme un chêne.

C'était une chance pour eux que Louison puisse leur donner un coup de main, car l'oncle comme l'ouvrier approchaient de la vieillesse.

Louison sauta du tracteur, lança très loin un bout de bois pour faire courir les chiens et entra dans la cuisine en réclamant son déjeuner.

– Ton déjeuner, qu'est-ce que tu racontes ? glapit sa tante. Je devrais te laisser à jeun ! Ça fait déjà deux heures que ton oncle et Rizotto sont au travail !

– Allez, tantine, donne-moi une côtelette grillée !

L'expression mendigote de Louison était si réussie que sa tante se pencha sur le fourneau pour y mettre à cuire quatre superbes côtelettes, puis elle dit à Louison que l'oncle et l'ouvrier l'attendaient au Plateau d'en haut. Il fallait le labourer.

Quand Louison regagna son tracteur, il ne pensait pas au travail qui l'attendait... mais aux champignons qui poussent à la fin de l'été... Il en avait l'eau à la bouche. En dénicherait-il ?

– En avant, marche ! annonça-t-il.

Il enlaçait sa tante. Elle se dégagea.

– La prochaine fois, tu déjeuneras chez toi, tu finiras par nous ruiner !

Louison éclata de rire. D'un bond, il s'assit sur le siège.

– On verra s'il y a des bolets ! cria-t-il.

Et, en écrasant l'accélérateur, il prit le chemin du Plateau d'en haut.

Le bolet qu'il y découvrit fut d'une autre espèce. D'une espèce très différente...

3. Seul dans la nuit

C'était le crépuscule. L'ombre enveloppait la terre. Le petit chien n'avait rien trouvé à manger. La faim décuplait ses forces. Désespéré, il mordillait les brins d'herbe, l'écorce des arbres, et gémissait, les yeux mouillés par le froid.

La nuit viendrait vite : sans rien de chaud à avaler, sans rien de chaud où s'abriter...

Il continua à chercher, le long du chemin. S'il était allé tout droit, il serait arrivé très vite à une ferme ou au village, mais il bifurqua par des sentiers de traverse...

Ses pas courts, incertains, ses tours et ses détours désorientés rendaient la route plus longue, plus fatigante.

Tout à coup, il s'immobilisa, éberlué. Dans le champ d'herbes hautes où il était, il vit bouger quelque chose. Un autre animal. Bien plus petit que lui. Et brusquement l'animal disparut.

Le chien en resta ébahi. Par où « l'autre » s'était-il échappé ? Levant les yeux, il « le » vit dans la lumière du soir : « il » filait dans le ciel !

Comment ce quelque chose qui, une minute plus tôt, lui courait devant le museau pouvait-il maintenant se promener dans les airs ? C'était à n'y rien comprendre !

Les chiens, lorsqu'ils sont petits, ignorent qu'il existe des oiseaux. Et qu'ils volent.

A la place que l'animal venait d'abandonner, le chiot découvrit trois objets ronds, blanchâtres. Qu'est-ce que c'était ? Il avança le mufle :

c'était chaud. De la truffe, il poussa l'une des petites « balles » qui roula plus loin.

Oui. Elles roulaient. Mais surtout, elles sentaient bon...

Le chien tourna autour, hésitant. Il finit par poser une patte timide sur l'un des œufs qui oscilla. Pour le retenir, il appuya plus fort. Et l'œuf se cassa.

Le chien retira sa patte, poissée par un liquide gris, épais, qui se mélangeait à un autre, encore plus épais, plus sombre... Et qui avait un parfum ! En un clin d'œil, le chien lécha tout.

Quel délice ! Comme ça coulait dans la gorge ! Il se nettoya le museau. Assis, les yeux écarquillés, il regardait les œufs... Il en approcha la tête. Ils étaient si tièdes...

Alors, il brisa le deuxième œuf. Il le mangea... Pour le troisième, il ne fit pas autant de manières : il l'avala tout rond, coquille comprise. Mais il recracha quelques débris.

Il n'en restait aucun... Que c'était bon de s'être nourri un peu !

La nuit était presque là. Il devait chercher un endroit où se mettre au chaud. Et peut-être, au passage, rencontrerait-il à nouveau quelques-unes de ces petites choses rondes ?

Mais pas de chance ! Il eut beau fureter dans tous les coins, il ne trouva plus de nids.

Au-dessus de lui, le ciel était devenu noir. Il entendait le cri des chouettes, le tonnerre lointain des camions. Et les roseaux de la rivière se mirent à siffler plus fort lorsque le vent de la nuit se leva.

Entouré de bruits inconnus qui l'épouvantaient, le petit chien arriva au bout du champ.

Il marcha un bon moment au creux d'un canal d'irrigation à sec. Il était si fatigué qu'il tomba dans une flaque. A moitié trempé, glacé, il se mit à trembler ; pourtant, il continua à cheminer : il fallait vivre.

Il sortit du champ et suivit un

chemin plus large. Il arriva à une cabane, un abri sans porte pour les mules, les jours de pluie.

Dedans, il y avait de la paille. Il la griffa en tous sens. Il s'y recroquevilla et s'endormit aussitôt.

Oui, le chiot dormait, mais d'un sommeil léger parce que son instinct lui disait que le danger rôdait et qu'il était sans défense. Il n'avait pas de force, pas les dents assez puissantes pour se battre. Il ne savait que gémir, comme s'il miaulait. Il dormait... Mais l'oreille bien droite, aux aguets.

Des heures passèrent. Le chiot endormi geignait de solitude. Les poutres de la cabane grinçaient. Sur le chemin, le vent traînait des herbes sèches et les scarabées faisaient crisser pattes et antennes contre les cailloux.

Tout à coup, un bruit couvrit tous les autres. Le petit chien se réveilla et se dressa sur son séant.

Il y avait un autre animal, dans la cabane. Un animal presque aussi grand que lui. Un animal qui pointait du museau pour le flairer. Il le sentait tout près.

Il écarquilla les yeux, et recula vers le mur. Mais l'autre se rapprochait. Le chiot recevait son haleine froide.

C'était un rat.

Instinctivement, le chiot retroussa les babines pour montrer les dents. Il était à la fois figé de peur et tenaillé par le besoin d'agir.

La bête avançait le museau, agressive, prête à bondir, prête à mordre. Heureusement qu'elle était seule...

Elle lançait des couinements brefs, satisfaits : la proie était à sa portée.

A la faible lueur qui entrait par l'ouverture de la cabane, le chiot voyait les moustaches humides du rat, les poils hérissés de son dos.

D'un bond, l'agresseur s'élança sur le chien qui se mit en boule et roula de côté. Tout à coup, une force nouvelle l'électrisait : se défendre. Il sauta sur une pierre qui servait de foyer aux hommes. Le besoin déses-

péré de chasser cette bête qui lui en voulait se mêlait à sa panique. Il s'appuya au mur, prêt à se jeter sur elle.

Mais le rat, déconfit, courait à travers la cabane. Cherchait-il à lui faire peur ou, lâche comme tous les rats, était-il lui-même effrayé ? Il couinait à petits coups, d'une voix sifflante.

Le chien se sentit obligé de lui répondre... et, à sa grande stupeur, un aboiement lui sortit de la gorge.

C'était son premier aboiement. Son premier cri d'animal responsable. Un cri aigu, nerveux, qui résonna dans la cabane et ricocha sur les pierres.

Le rat zigzagua en arrière et se tapit un instant dans la paille. Le chien se rua vers lui. Il frémissait d'excitation et, campé sur ses pattes, il lança cinq aboiements furieux, les oreilles dressées, les crocs menaçants. Sans cesser d'aboyer, il sauta de nouveau sur la pierre, perdit l'équilibre et dégringola dans un nuage de cendres.

Le rat ne s'attendait pas à ce bruit,

à cette violence... Il prit la fuite. Le chien le poursuivit jusqu'à la porte et resta planté au bord du chemin. Il tremblait, mais il devenait plus sûr de lui.

Il avait grandi un peu... Très peu... Et il se sentait les pattes solides.

Il ne put se rendormir. Tout le reste de la nuit, il fut sur le qui-vive.

Au petit matin, il repartit. Cette fois, il ne quitta pas le chemin et finit par arriver au croisement d'une route carrossable, large et poudreuse.

Deux chardonnerets jouaient dans la poussière. Il resta à les contempler. Qu'ils étaient agiles ! Ils sautillaient, voltigeaient, recommençaient à se poursuivre et à se rouler sur le sol.

Il voulut les imiter, mais son nez s'emplit de poussière et il se mit à tousser pendant un long moment.

Lorsqu'il entendit un bruit d'eau, il se précipita vers le canal d'irrigation. Il suivit la rive jusqu'à une espèce de gué où il put boire.

Au magasin, on le nourrissait au biberon... Pourtant, il réussit à s'en tirer tout seul : il lapa, lapa, jusqu'à ce que son estomac fût bien plein. Puis, il suivit le bord de la route et arriva à l'ombre d'un grand arbre : comme le tapis d'herbe avait l'air agréable ! Il s'y allongea, mais il ne s'endormit pas.

Il vit rosir la blancheur de l'aube, il vit apparaître le soleil, au-delà des montagnes lointaines.

Tout à coup, il aperçut par terre des objets sombres et ronds. Il les flaira. Et lorsqu'il posa la patte sur l'un d'eux, celui-ci s'ouvrit doucement. C'était une figue.

Il la sentit, la lécha et la trouva sucrée. Encore de la nourriture ! Et il y en avait beaucoup, beaucoup...

Il ne s'arrêta de manger qu'une fois repu. Il n'en pouvait plus. La vue d'une figue lui donnait mal au cœur. Et il fit tout pour oublier ces fruits.

Comme il avait le ventre plein, il s'endormit, affalé un peu en retrait du chemin. Mais il fut bien obligé de penser aux figues : l'une d'elles tomba sur sa tête, son jus lui éclaboussa le front, dégoulina le long de ses oreilles jusqu'à son museau.

Résigné, avant de se rendormir, il vint à bout de son dessert. Tout près de lui, sans qu'il l'ait vue, une sauterelle allait de-ci de-là.

Le chien respirait péniblement, les pattes raides, et il lâchait de temps en temps un hoquet satisfait. Il avait bien mangé, après avoir beaucoup marché, et, jusque dans son sommeil, il avait mal à ses pattes fatiguées.

Il était si profondément endormi que le premier homme qui passa sur le chemin, d'un pas silencieux, ne le vit pas. Le chien ne le vit pas non plus. Cela s'appelle rater une occasion !

Le petit chien dormait, minuscule sous l'énorme figuier, au creux de l'herbe. Ses pattes étaient un peu plus longues que la veille.

Les animaux qui doivent se

débrouiller seuls grandissent vite. Ils ne peuvent pas se laisser aller parce que dans le monde il y a des rats, des renards, des serpents aussi et des sangliers. Il y a même d'autres chiens, au sale caractère et aux grandes dents.

Le chiot se réveilla vers huit heures. Rassasié par les figues, il avait envie de boire, mais arrivé au bord du canal d'irrigation, il y renonça : son instinct lui dit que ce serait trop pour son estomac. Il se contenta de lécher l'herbe humide.

Peu à peu, il revint à la route. Que faire ? Il se souvenait du lait qu'il avait bu, pendant les premières semaines de sa vie. Il se souvenait des êtres humains qui l'avaient toujours bien traité. Leurs mains étaient douces, elles le prenaient avec précaution, et le caressaient.

Il se frotta la tête contre une branche pour se rappeler les doigts des enfants qui le grattaient, dans la voiture. Il ferma les yeux de plaisir.

Puis, il se mit à courir le long du champ, en poursuivant pour s'amuser les insectes qui voltigeaient ou sautaient devant lui.

Il tomba dans un fossé et, de là, se faufila dans une *huerta* *. Toute cette verdure ne lui dit rien. Il renifla des poivrons, des haricots verts... Ce qui lui plut vraiment, ce fut un lézard qui filait le long d'un tronc. Quelle chance de savoir grimper si vite !

Mais ces animaux n'étaient qu'un complément de la campagne. Il ne rencontrait pas ce qu'il avait envie de voir : les gens.

Il voulait trouver des amis, parmi les hommes, quelqu'un qui le prendrait dans ses bras, qui l'emmènerait chez lui, qui lui donnerait le biberon ou une assiette de lait. Quelqu'un qui le caresserait, parce qu'il était petit, et que les petits ont besoin de caresses, d'affection, de compagnie.

Et, pour cela, il lui fallait regagner

* Terrain arrosé par les canaux d'irrigation.

la route. Son instinct lui disait que les gens passent, sur les routes. Il abandonna donc la huerta.

Il vit s'approcher une femme. Si elle le voyait, elle l'emporterait sûrement ! Il prit sa course, vers elle. Mais la femme disparut.

Pourquoi était-elle déjà si loin lorsqu'il déboucha sur la route ? Même s'il filait comme un ouragan, il ne pourrait pas la rattraper. C'était vraiment bizarre !

Il ignorait que la femme roulait à bicyclette... Encore une chose à apprendre !

Il décida de rester là. Un peu plus tard, deux hommes passèrent, avec leur âne. Le chien bondit au milieu de la chaussée et poussa un petit cri. Les hommes s'arrêtèrent un instant, le regardèrent, puis reprirent leur route.

Ils ne voulaient pas de lui... Pourquoi ? Le chiot fit quelques pas derrière eux, mais un des hommes se retourna et lui expédia un coup de pied. Le coup ne fut pas très fort, pourtant le chien en resta médusé. Et quand il comprit que ces hommes ne s'intéressaient pas à son sort, il se mit à pleurnicher.

Il leur avait fait peur, peut-être ? Oui, c'était ça. En bondissant. Il ne bondirait plus. Il resterait planté sur la route. On le verrait de loin.

Lorsqu'un bruit de moteur lui parvint, il ne broncha pas. Le bruit devenait assourdissant. Le chien attendit, effrayé, le ventre collé au sol. Un géant de métal apparut.

Si l'homme, perché sur son encombrante machine, ne l'apercevait pas, c'était raté. Car, même si le chien passait la journée à aboyer, dans ce fracas l'homme ne l'entendrait pas... L'homme DEVAIT s'arrêter.

Au volant, Louison chantait. Il était en plein milieu de la route. Le chien tremblait de peur. On allait l'écraser. A la dernière seconde, alors que le tracteur était déjà sur lui, d'un bond le chiot se sauva et se mit en sûreté sur le bord.

Louison se tut et freina avec violence, puis il sauta du véhicule :

– Ça alors, un lapin !

Il s'élança vers lui et le chiot détala. Mais Louison courait plus vite et il le rattrapa.

– Viens ici, démon ! Tu parles d'un lapin !

Et il éclata de rire.

4. Un chien amateur de bolets

Louison prit le chien dans ses deux mains, comme on tient un melon, et s'assit dans l'herbe. Le tracteur, au point mort, ronflait lentement sur la route.

Louison examinait sur toutes les coutures le chiot qui haletait encore. Il le tournait, le retournait, pour inspecter son ventre, ses oreilles, son mufle.

– D'où tu sors, toi ?

Il lui gratta un peu la tête et le chiot ressentit enfin une sensation d'amitié, de contentement, tel un petit enfant que l'on câline.

Il se serra contre le garçon lorsque celui-ci le posa par terre, entre ses jambes.

– D'où tu sors, toi ? répéta Louison.

Le chien ne risquait pas de lui répondre !

– Tu sais que je connais tous les chiens du pays ? Et je n'ai entendu parler d'aucune portée à naître... Ni au village ni dans les fermes.

Le garçon s'allongea sur le sol. Le chien vint lui lécher les bras, mais quand il s'approcha de sa figure, Louison l'en empêcha d'un revers de main.

– Tu es étranger, c'est sûr. Mais comment es-tu arrivé jusqu'ici ? C'est un mystère, mon vieux. Tu ne peux pas parler ni t'expliquer. Qu'est-ce que tu vas nous dire, toi ? Qu'est-ce que tu vas nous dire ?

Et il donnait de faibles coups de poing sur le museau du petit animal qui, en réponse, tentait de le mordre.

– Ouïe, ouïe... couina le chiot. Louison se leva.

– Tu dois être un chien de gitans, hein ? Allez... Partons avant qu'une charrette veuille passer.

Quand le garçon le reprit dans ses bras, le chien fondit de tendresse. Il grognait, nerveux, cherchant à lui lécher le visage, trop content pour se tenir tranquille. Louison faillit le lâcher :

– Sois sage !

Il lui flanqua une petite tape sur la nuque. Le chiot poussa un gémissement et se pelotonna entre les bras du garçon, qui, une fois au volant, l'installa sur ses genoux et démarra.

Après avoir roulé quelques mètres, Louison se rendit compte que le chien bringuebalait. Il risquait de tomber. Louison s'arrêta une fois de plus. Il décrocha un cabas de raphia qui pendait au garde-boue de droite, en prévision des bolets qu'il espérait ramasser, et il y fourra le chien. Il raccrocha le cabas, et, tranquille, poursuivit sa route jusqu'au Plateau d'en haut.

Le chien pouvait tout juste passer

la tête hors du sac et il observait le paysage avec curiosité. Un ensemble d'arbres, de chênes, et de caillasses, de plus en plus âpre et montagneux à mesure que grimpait le chemin.

C'était vraiment agréable de voyager ainsi ! Il ne se fatiguait pas à marcher, et il allait plus lentement qu'hier, dans cette voiture qui donnait le tournis tandis que, de l'autre côté de la vitre, défilaient des formes indistinctes.

Ici, il n'y avait pas de vitres ! La place était bonne ! Si le garçon voulait bien le garder, il était sauvé.

Justement, Louison se demandait ce qu'il allait faire du chien. Chez lui, au village, personne n'en voudrait. S'il l'apportait à la ferme Tolosa, on entendrait la tante Nora ! Sanda et Mouillé lui suffisaient. Pourtant, il faudrait bien trouver quelqu'un pour s'en charger. Après tout, peut-être réussirait-il à convaincre la tante Nora et l'oncle Pablo ?

Ils arrivèrent au Plateau d'en haut.

C'était une vaste étendue de terrain lisse, en pente douce, envahie par les herbes. Louison devait la préparer afin qu'on puisse y passer le rouleau.

Le chiot se mit à gémir pour qu'on le sorte du sac, dès que le tracteur stoppa. En le libérant, Louison se rendit compte qu'il avait tout sali. Il le mit par terre, et les mains sur les hanches, l'apostropha :

– Écoute-moi, gamin, si tu ne te conduis pas en homme, je ne voudrai pas de toi. Tu vois...

Il se pencha, saisit le chien par la tête et continua :

– Les petits chiens, quand ils ont envie, demandent... Ou bien ils se retiennent jusqu'à ce qu'ils puissent faire sans salir les affaires des autres. Tu vas voir...

Louison lui montra l'intérieur du cabas, mais naturellement, le chiot ne comprit pas. Louison l'emporta vers la pinède toute proche où il le laissa à côté de la couverture et des outils qu'il avait emportés avec lui.

– Ne bouge pas d'ici, tu m'entends ? Si tu bouges, tu vas te perdre.

Il n'était pas très sûr d'être obéi : le chien était si jeune ! Un rien pouvait le distraire et le pousser à s'aventurer dans le bois. Mais Louison voulait courir le risque. Le chien devait apprendre à obéir si jamais il vivait avec lui. Il fallait commencer à l' « élever ».

Louison revint au tracteur. Le chien, assis sur son derrière, le regardait labourer. L'immense soc s'abaissa pour ouvrir un sillon, avec lenteur. En remontant vers la surface, la terre humide, d'un roux sombre, semblait écumer, et elle laissait une haute frange grumeleuse, de chaque côté du sillon.

Louison oublia le chien. Et celui-ci en eut vite assez de contempler le tracteur. Il jeta un coup d'œil autour de lui et crut voir quelque chose de coloré un peu plus haut. Il s'avança sur la pointe des coussinets car le chemin était bordé de buissons piquants.

Tout ce qu'il trouva fut un pochon de plastique orange qui avait contenu de l'engrais. Il le mordilla, le froissa et de petites bestioles pleines de pattes en sortirent. Épouvantées, elles couraient en tous sens pour chercher un abri. Et le chiot les attrapait, les immobilisait un instant de l'ongle, puis les relâchait.

Il s'amusa ainsi un moment. Puis, il s'enfonça dans le bois, là où les arbres devenaient plus touffus, là où par terre s'épaississait un matelas d'aiguilles de pin et de feuilles mortes en décomposition. L'ombre y était plus froide, l'humidité pénétrante. Il y flottait un parfum d'automne, déjà.

Le chien marchait le museau au ras du sol et cherchait les odeurs. Il découvrait que, souvent, elles changeaient... mais qu'il s'en rendait compte tout de suite. Alors, c'est cela, le flair ?

Il sentait une odeur sur sa droite, et

en même temps une autre sur sa gauche. Et, parfois, deux ou trois en même temps.

Un bruissement d'ailes furieux lui fit lever la tête. Des ramiers s'enfuyaient d'énormes pins où ils s'étaient rassemblés.

Le chien se rappela alors la petite bête qui, la veille, avait abandonné son nid au ras du sol, et s'était envolée. Il se rua vers les pins, persuadé de trouver des œufs à leur pied. Rien. C'était incompréhensible. Lorsque les oiseaux s'envolent, ils laissent par terre ces petites balles rondes qui sont si bonnes à manger.

Et s'ils ne le faisaient pas toujours ? Ce matin, il avait vu d'autres oiseaux... Qui ne lui avaient rien laissé du tout.

En continuant à flairer, le chiot buta du museau contre un monticule d'aiguilles de pin. Et s'il y avait un œuf dessous ? Il fallait l'empêcher de rouler ! D'une détente, il posa la patte sur le monticule, rien ne bougea...

Alors, il éparpilla les aiguilles en tous sens.

Et il découvrit quelque chose qu'il n'avait encore jamais vu. Coiffé d'un chapeau rond et perché sur une jambe, ça avait une couleur roussâtre alléchante... ça devait être bon !

Le chien y planta les dents. Mais... quel mauvais goût et que c'était dur ! Ça méritait d'être déchiqueté, expédié plus loin... Dégoûté, il passa un bon moment à recracher les morceaux.

Sept bolets subirent le même sort. Et le chiot apprit très vite à les débusquer. En un rien de temps, des pattes et du museau, il réduisit en morceaux vingt-cinq ou trente champignons.

Louison arrêta son tracteur. Il se disposait à « casser la graine », comme c'est l'habitude à la campagne au milieu de la matinée, souvenir de l'époque où il fallait laisser souffler un peu les bêtes de trait.

Louison se mit à siffler. Le chien l'entendit, mais il ne bougea pas. Il avait même envie de se cacher. Après tout, quand le garçon l'avait trouvé, il l'avait d'abord poursuivi. Et, ensuite, il l'avait caressé et emmené avec lui...

Le garçon allait sûrement faire pareil. Il le caresserait, et lui le lécherait avec plaisir.

Louison appela :

– Petit ! Petit ! Petit chien !

Et il fit claquer sa langue.

Le chien gémit pour indiquer où il était, mais, par jeu, il se tapit derrière un tronc.

– Satanée bestiole ! s'écria Louison, je vais te chauffer les fesses ! Où t'es-tu fourré ?

Le chien gémit plus fort, et aperçut le garçon qui grimpait à travers bois. Louison n'en eut pas pour trois minutes à le rejoindre. Le chiot croyait avoir fait une trotte, mais ses pattes étaient si courtes que l'on pouvait le rattraper en un clin d'œil.

Louison arriva sous les grands pins :

– Alors, tu t'étais caché ?

Il prit le chien dans ses bras pour le caresser. Et, tout à coup, il vit les restes éparpillés des bolets.

– Oh, non !

Il jeta le chien par terre. Le choc fut tel que celui-ci se mit à geindre en se léchant les flancs. Il comprit que le garçon était en colère.

– Toi, alors ! Tu as vu ce que tu as fait ? Tu as saccagé une pépinière de bolets ! Les premiers champignons de l'année ! Sale bête !

Louison serrait les poings de fureur. Et le chien eut peur, une peur horrible. Mais, au lieu de fuir, il vint ramper jusqu'à son nouveau maître, l'oreille basse.

Louison oublia qu'il était fâché.

– Ah, mon Dieu, quel sauvage tu es ! dit-il en se laissant tomber près du chien.

Il le saisit d'une main, et de l'autre lui montra un morceau de champignon :

– C'est un bolet, tu m'entends ? Un champignon ! Quelque chose que j'adore. Tu ne dois pas y toucher. Tu ne dois pas...

Il se tut brusquement. Il avait une idée. Ce chien avait déterré les bolets de l'amas d'aiguilles de pin, c'était clair... Et s'il lui apprenait à les trouver ? Un animal dressé à chercher les champignons... Ce serait formidable ! Il y a bien des chiens chercheurs de truffes. Eh bien, celui-là, il dénicherait des bolets.

– Allons-y ! ordonna-t-il.

Le premier ordre concret que recevait le chien ! Son instinct lui dicta d'obéir. Il se leva et fit deux bonds impatients.

– Viens !

Sans hésiter, le chien suivit Louison, lui collant aux talons. Au bout d'un moment, le garçon distingua la bosse d'un bolet, sous les feuilles mortes.

– C'est à toi ! Cherche ! Cherche !

L'exclamation était toute nouvelle pour le chien, mais il en saisit parfaitement le sens. La truffe au sol, plein de zèle, il se mit à fureter à droite et à gauche.

Deux fois, il passa tout près du bolet, mais à la troisième il s'arrêta devant. Il renifla plus fort et commença à tourner en rond autour du monticule, avant de le défaire d'un coup de patte. Le champignon apparut, intact, frais, parfumé.

Le chien se souvint que, tout beau qu'il était, sa saveur était infecte. Ah, s'il pouvait le détruire ! Mais le bolet n'était pas à lui... Louison se tenait à deux pas. Et le chien, en le regardant, attendit ses instructions.

Louison sourit :

– Très bien, petit. Tu as tout compris. Tu trouveras des bolets, d'accord ? Mais sans les abîmer. Tu vas voir.

Il attrapa le chien et lui montra le bolet.

– Ça, c'est pour moi. Toi, tu auras autre chose. De bonnes choses. Et plus tu découvriras de bolets, mieux tu mangeras.

Mais le chien n'écoutait plus le

garçon. Il rongeait un bouton de sa chemise.

Ils repartirent vers le tracteur. Le soleil était éclatant, la matinée délicieuse. Louison mouilla du pain. Le chien avala son deuxième déjeuner.

L'oncle Pablo et Rizotto arrivèrent à midi, montés sur le même cheval.

– Tu as fait du bon travail, dit l'oncle lorsqu'il vit le champ labouré.

– Venez, je vais vous montrer quelque chose.

Louison les entraîna près des arbres. Le chien se reposait, dans le désordre de la couverture.

– D'où le sors-tu ? demanda Rizotto.

– Il était sur la route. Je me demande bien comment il a échoué là. Il ne doit pas être de pure race.

– Pas loin du loup, on dirait, supputa l'oncle en palpant les oreilles du jeune chien. Qu'est-ce que tu comptes en faire ?

– J'aimerais bien que vous le gardiez à la ferme.

– Tu cherches les problèmes. Ta tante va hurler.

– Je sais. Mais il me plaît, ce chien. Je m'occuperai de lui. Je lui apporterai à manger. Et tout ce qu'il faudra.

– C'est ton affaire. Et quel nom vas-tu lui donner ?

– Vous allez trouver l'idée bizarre, mais j'ai envie de l'appeler... Je vais l'appeler Vif-Argent.

L'oncle Pablo regarda de nouveau le chien. Vif-Argent regardait les trois hommes. Il remuait son bout de queue.

5. Ils font la paix

Le retour à la ferme fut très amusant, comme si le chiot se rendait compte qu'il venait d'être baptisé.

Il voyageait en tracteur et, lorsque la route était droite, il pouvait voir l'oncle Pablo et l'ouvrier qui étaient loin en arrière, à cheval.

Ils devenaient de plus en plus petits. Ce phénomène agaçait Vif-Argent. Il grognait.

Louison chantait, mais ne perdait pas de vue le sac de raphia. Après l'avoir rincé au ruisseau, il y avait fourré le chien... Celui-ci ne mouilla plus le cabas. Était-ce par hasard ou parce qu'il avait compris l'avertissement ?

Accroché au garde-boue où il se balançait, Vif-Argent sortait la tête d'un côté du sac, puis de l'autre. C'est dans cet équipage qu'ils atteignirent la ferme.

A peine le tracteur s'était-il rangé sur l'aire que Sanda et Mouillé, avec le flair qui les caractérisait, quittèrent l'ombre de l'appentis. Inquiets, les oreilles dressées, ils se précipitèrent vers la machine pour mieux renifler l'intrus.

Vif-Argent les salua de petits cris que les autres accueillirent chacun à sa façon. Mouillé y répondit par des jappements allègres : il mourait d'envie de jouer avec ce tout jeune chien ! Sanda, le poil hérissé, recula en montrant les dents : elle n'aimait pas le visiteur !

Vif-Argent allait-il avoir des ennuis ?

La tante Nora réagit mieux que Louison ne s'y attendait. Elle grommela bien un peu, mais, lorsque Louison lui promit qu'il se chargeait de s'occuper du chien, elle se rasséréna et déclara :

– Mets-le où tu veux. Mais il ne faudrait pas qu'on l'écrase.

– Il est trop malin pour ça, rétorqua Louison qui tenait le sac en l'air parce que Sanda grondait toujours.

Mouillé avait de plus en plus envie de jouer avec le petiot. Il le regardait avec une espèce de tendresse, il aboyait, il haletait, il lui disait :

– « Allez, petit, descends de ton sac, on va s'amuser ! Je te montrerai le chemin du carré de légumes, du lavoir, du bassin aux poissons, celui des roseaux, de l'étable, et je t'amènerai au vieux *patio* * qui ne sert plus à rien et où je poursuis plein de bestioles. »

Vif-Argent répondait :

– « Je ne me sens pas très à l'aise. Écoute comme la chienne gronde. »

* Cour intérieure parfois ornée d'un bassin.

– « Ne t'en fais pas, c'est ma mère. »

Mais Vif-Argent s'en faisait. A peine posé au pied du banc de pierre, il fila à toutes pattes, et affolé alla se cacher entre des fagots d'amandier. De là, il surveilla la chienne avec des yeux ronds.

Sanda lui courut après, bien sûr, et elle se mit à tourner autour des fagots, mais elle n'essaya pas de s'y faufiler. Elle savait bien qu'elle était trop grande. Elle jeta un aboiement tonitruant et repartit vers l'aire.

Les deux hommes et le cheval venaient d'arriver. Rizotto, d'un coup d'œil, réalisa la situation. Sans un mot, il prit une corde et attacha Sanda.

Tout le monde attendait les réactions de Vif-Argent. Mais il ne savait pas ce que c'est qu'être attaché. Il ne comprenait rien. On l'appelait, on lui disait des mots gentils, on lui tendait la main, comme pour lui donner à manger. Et le petit chien, méfiant, ne bougeait pas de son abri.

Louison repoussa les branches et l'en extirpa.

– Tu vois ? Elle est attachée. N'aie pas peur.

Il dit au revoir à tout le monde, gratta la nuque du chiot, grimpa sur son tracteur et s'éloigna vers le village. Ceux de la ferme rentrèrent dans la maison. Sur l'aire, Vif-Argent et Mouillé restèrent seuls, en liberté, tandis que Sanda lançait ses aboiements à tous les échos.

Bon. Une fois de plus, il se retrouvait sans Louison. Vif-Argent, par deux fois, courut vers le chemin où le garçon avait disparu, et revint à l'aire, tout troublé. Que s'était-il passé ?

Mouillé avait ramassé un chiffon et il le secouait dans tous les sens : c'était une invite à jouer, mais Vif-Argent n'en avait pas la moindre envie.

Il était fatigué. Il aurait voulu dormir un long moment. Cependant, de la cuisine venait une odeur si délicieuse que Mouillé s'y précipita. Vif-Argent le suivit.

Ils étaient tous en train de déjeuner. De temps en temps, ils jetaient une croûte de pain aux chiens. Et c'était toujours Mouillé qui l'attrapait parce qu'il était plus grand que Vif-Argent.

Enfin, pour la première fois, il put en saisir une... Mais il mit longtemps à en venir à bout : il n'avait pas l'habitude de ronger.

Le repas terminé, Nora lui donna du pain trempé dans une écuelle de terre, tandis que l'oncle retenait Mouillé par la peau du cou. Ce fut tout son déjeuner. Dehors, la malheureuse Sanda ne cessait d'aboyer.

Nora lui cria, de la fenêtre :

– Si tu ne te tais pas, tu n'auras rien !

Sanda se tut. Et, longuement, elle se passa la langue sur le museau.

Avec les restes du déjeuner, la tante remplit une assiette de plastique. Elle la déposa devant Sanda. Celle-ci avait tellement tourné et retourné autour de sa corde qu'elle ne réussit pas à s'en approcher.

La tante ne le remarqua pas, mais Vif-Argent, oui. Il traîna l'assiette plus loin et lapa le bouillon. Heureusement pour Sanda, il ne savait pas encore croquer les os. Il les laissa.

A partir de cet instant, Sanda le détesta un peu plus.

Le chiot passa l'après-midi à visiter les alentours de la ferme et personne ne le rappela à l'ordre. Les deux hommes étaient partis aux champs en emmenant les grands chiens, sans doute pour qu'ils ne lui fassent pas de misères : Vif-Argent se retrouva seigneur et maître des lieux.

Une terrible aventure l'attendait...

A l'heure du déjeuner, les chats n'étaient pas venus à la cuisine : ils rôdaient dans la basse-cour, sur les balcons et aux environs. Et, dès que les chiens furent partis, ils revinrent... Vif-Argent tomba sur eux à l'entrée, près de l'ancienne remise.

« Quelles drôles de bêtes, se dit-il, mais elles ne sont pas plus grandes que moi. Si elles devenaient des amies ? »

Les chats étaient habitués à de grands chiens qui les ignoraient royalement. Et ce tout petit-ci... se mit à leur courir après... pour jouer ! Maman !

Le vieux chat, qui ne tenait pas à donner des explications, prit la fuite et se percha sur un morceau de bois. Le jeune chat, le poil hérissé, les oreilles et les moustaches rabattues, plissa du nez en lançant un coup de patte.

Sur la truffe de Vif-Argent, une goutte de sang perla. C'est ainsi qu'il apprit que les chats ne sont jamais les amis des chiens (enfin, de vrais amis) et qu'ils griffent.

Le chien a des ongles épais, résistants et non rétractiles, qui ne savent pas griffer. Ceux du chat, fins, acérés, tels de minces crochets, jaillissent de leur fourreau pour attaquer.

Le pauvre Vif-Argent, bien fâché, se recroquevilla dans un coin. Il essayait de lécher sa blessure. Les chats avaient disparu.

Le soir, on lui redonna une soupe de pain. Chaque fois qu'il passait près d'elle, Sanda lui montrait les dents. Vif-Argent n'arrivait pas à comprendre pourquoi un des chiens l'aimait bien, et pas l'autre.

Avec obstination, il tentait de se faire remarquer de Sanda. Il la regardait fixement pour lui manifester sa sympathie. L'ouvrier alla se coucher, l'oncle Pablo, à l'affût des nouvelles, mit la radio et, tandis que la tante Nora rangeait la cuisine, les chiens se couchèrent dans un coin pour dormir.

Alors, Vif-Argent s'approcha de Sanda. Il tremblait de peur mais il était décidé à faire la paix. Il lui lécha les pattes. Endormie, elle s'étira de tous ses membres. Et il lui lécha les oreilles, le cou... Sanda ouvrit un instant les yeux, les referma, pour les ouvrir de nouveau : ils étaient dardés sur Vif-Argent.

Qu'allait-elle faire ?

Vif-Argent lui donna des coups de langue sur les pattes. La chienne en écarta une, pour faire une petite place au chiot. Il se pelotonna contre son ventre, et ils s'endormirent tous les deux.

Au fond, c'est facile de faire la paix.

Que Vif-Argent se sentait bien, dans la tendre chaleur d'une amie ! Et cette amie aurait pu être sa mère, c'est-à-dire la meilleure des amies.

Lui qui avait eu à peine le temps de téter passa la langue sur le ventre de la chienne et tomba dans un sommeil aussi profond que s'il revenait à la vie prénatale.

Son existence fut transformée. Tous les jours, Vif-Argent recevait un cadeau de Louison. Un petit pain frais, du gras de viande, ou des restes qui lui paraissaient des mets de roi. A part Louison, personne ne le gâtait.

Il n'avait l'impression d'être accepté qu'à l'instant privilégié où il se blottissait contre Sanda. Une nuit ou l'autre, Mouillé les rejoignait. Et c'était comme s'ils avaient été tous les trois dans la vitrine du magasin où Vif-Argent avait été acheté.

Vif-Argent grandissait. Louison l'emmenait aux champs, mais pendant quelques jours, il ne vint pas à la ferme : il avait du travail dans le village voisin. Au retour, il se rendit compte à quel point Vif-Argent avait changé. Il avait deux mois passés.

– Il est encore trop jeune pour apprendre à chasser, remarqua Rizotto qui était un grand chasseur devant l'Éternel.

L'oncle Pablo jeta un regard distrait à Vif-Argent :

– Ce n'est pas un chien de chasse, ses pattes sont trop grosses. En vérité, il est tout un mélange de races. Il ne servira à rien.

Mais si, il servait à quelque chose ! A chercher des champignons ! Louison faisait son possible pour le dresser. Et Vif-Argent devint un champion en la matière. Il savait dénicher des pépinières de bolets qu'il déterrait avec soin pour que Louison les ramasse.

– On devrait faire du commerce, toi et moi, lui disait le garçon. Monter une industrie. Comme si tu fabriquais les bolets et que j'allais les vendre !

Le chien suivait-il le raisonnement de son maître ?

En octobre, Vif-Argent avait la denture plus solide et savait ronger les os. Terrifié, il apprit aussi pour la première fois à reconnaître l'orage.

Les coups de tonnerre et les éclairs tombaient dans tous les sens, éclataient là où personne ne les attendait, assourdissant monts et vallées.

Tout le monde s'était réfugié dans la ferme, même Louison qui était revenu trempé du champ. Sanda et Mouillé dédaignaient la tempête, mais chaque fois qu'il tonnait, le malheureux Vif-Argent baissait la tête et essayait de se cacher sous la chienne. Quelquefois, la curiosité était la plus forte : il grimpait sur une chaise, puis sur la table de la cuisine pour regarder par la fenêtre.

Il s'échappa même dans le vestibule et, de là, se faufila sous le banc de pierre de l'aire pour mieux voir tomber la pluie.

Le claquement de la foudre le précipita à l'abri de sacs vides empilés dans un coin de l'entrée.

Louison eut pitié de lui :

– Viens, Vif-Argent, on va monter au dernier étage. Tu y verras des nouveautés.

Louison ouvrit des portes, les unes après les autres. Vif-Argent traversa avec indifférence d'immenses pièces, pleines de meubles au rebut. Et il resta impassible devant les portraits de famille.

Quelquefois, Louison se disait que toutes ces choses étaient mortes... Mais en même temps il sentait qu'il faisait partie de cette lignée, de ceux qui avaient vécu, autrefois, et de ceux qui vivaient, maintenant.

Il était fier de ses aïeux.

Un des tableaux avait sa préférence : un homme vêtu d'une culotte et d'une jaquette bien coupées, avec un fusil au côté et un chien près de lui.

– Regarde, Vif-Argent, on dirait que ce chien nous observe. Tu vois ? Chien... Chien...

Mais les chiens ne s'intéressent pas aux images. Ils ne s'intéressent qu'à ce qui existe pour de vrai.

Vif-Argent écoutait le martèlement de la pluie, tout en se débattant dans une toile d'araignée qui lui chatouillait le nez. Il s'en défendait de la langue et des pattes. Il était comique.

Le tonnerre retentit à travers les chambres vides. Puis, il alla gronder au-delà des montagnes.

Vif-Argent réussit à se défaire des fils de l'araignée. Il ouvrit une gueule démesurée.

– Qu'est-ce qui t'arrive, Vif-Argent ?

Le chien fit deux pas en arrière, les

mandibules béant un peu plus. Louison attendait, stupéfait, ce qui allait se produire.

Et Vif-Argent lâcha un éternuement tonitruant. Si tonitruant que la poussière du plancher remonta en volutes. Louison se mit à éternuer, lui aussi.

Entre coups de tonnerre et éternuements, ils descendirent l'escalier pour retrouver la chaleur de la cheminée.

6. Un coq et une cabriole

Même si les chiens poussent très vite, l'on en rencontre parfois de très grands qui sont encore des bébés. C'était le cas de Vif-Argent.

Pour le moment, il voulait prouver qu'il existait. Quand il voyait arriver quelqu'un, il se précipitait pour l'accueillir, aboyait, se frottait contre ses jambes.

La tante Nora était trop occupée pour faire attention à lui. Elle n'avait pas le temps de manifester ses sentiments. Elle n'aurait pas supporté que Vif-Argent soit affamé, mais elle n'avait pas l'idée de le caresser.

Vif-Argent mourait d'envie qu'elle le remarque. Il crut avoir trouvé le moyen en effilochant des bas qu'elle avait laissés sur le dossier d'une chaise — ce que voyant, la tante lui cria des injures et le poursuivit, armée d'une trique, aussi loin qu'elle put.

Rizotto était un taciturne qui aimait les chiens à sa manière. Quand il partait travailler, il emmenait Sanda ou Mouillé, quelquefois les deux, mais il ne leur disait pas un traître mot, même pas pour leur donner l'ordre de partir ou de revenir. A l'heure de « casser la graine », il leur jetait des bouts de pain.

Sanda était la plus rapide pour s'en emparer. Mouillé était presque aussi vif qu'elle, mais Vif-Argent était tellement inexpérimenté qu'il restait toujours à jeun.

Et encore heureux que les chiens le supportent près d'eux au moment de manger !

Malgré tout, Vif-Argent était de bonne humeur. Il savait qu'il était très jeune et qu'il avait encore beaucoup à apprendre. Il observait, il flairait, il réfléchissait...

A quoi servaient les choses ? Qu'allait-il se passer à ce moment-là... Ou à cet autre ?

Par exemple, il n'avait jamais vu de poulailler... Autant aller regarder de plus près de quoi ça avait l'air !

Le poulailler se trouvait derrière l'étable, dans une minuscule cour. La ferme n'était pas assez moderne pour y élever une de ces batteries de poules blanches qui vivent collées au chauffage et que l'on nourrit mécaniquement. Non ! Ce poulailler-là était bâti avec des pieux et du grillage. Il abritait deux gros coqs arrogants qui régnaient sur deux douzaines de poules et de poussins.

Vif-Argent s'assit devant le poulailler. Il pencha un peu la tête. Voyons... Ces bêtes avaient des ailes, mais... elles ne volaient pas. Pourquoi ?

Elles avaient la place, cependant ! A croire que ça leur suffisait de courir et de battre des ailes, tout bêtement.

Pas si bêtement que ça, en fait... Vif-Argent suivit des yeux une poule qui pourchassait son poussin : comme elle allait vite ! Pourtant, elle n'avait que deux pattes, la pauvre... Et il comprit que pour accélérer, elle levait un peu les ailes. Celles-ci lui donnaient de l'élan, comme deux pattes qui n'auraient pas touché terre !

Une poule, qui était restée en boule dans un coin, se leva et se mit à caqueter. Caquette que tu caquettes ! Impossible de lui clouer le bec. Elle faisait deux pas, puis s'égosillait de plus belle.

« Elle a mal au ventre », se dit Vif-Argent.

Soudain, dans le coin que la poule venait d'abandonner, il vit un œuf. Ma parole, il était énorme ! Rien à voir avec les petits œufs fragiles qu'il avait découverts dans le chaume.

C'était un bel œuf de poule élevée dans une ferme.

« Il doit être rudement bon ! »

Si seulement il pouvait l'attraper ! Il chercha un passage par où se glisser dans le poulailler. Rien. Et il était incapable de faire jouer la targette de la porte.

Il fallait trouver une solution.

C'est une autre poule qui lui donna une idée. En quête de nourriture, elle grattait le sol, jusqu'à creuser un trou. Eh bien, Vif-Argent allait en faire autant, sous le grillage.

Aussitôt dit, aussitôt fait. Il fouilla la terre à en avoir mal aux ongles. Sa langue pendait. Mais il réussit à se faufiler dans le poulailler.

Quelle panique chez les poules à la vue de ce démon, bondissant dans un fouillis de plumes et de caquètements !

Fier de son triomphe (il avait pénétré dans la forteresse), Vif-Argent courut en tous sens. Les volatiles se réfugièrent en haut des perchoirs.

Le chien s'arrêta, puis sauta pour attraper une plume qui voltigeait vers lui, enfin il s'élança vers l'œuf... Il le méritait bien, cet œuf !

Mais il ne put approcher : une masse lui barrait le passage. Alors, levant la tête, Vif-Argent vit un coq.

Le maître du poulailler lui jetait des regards flamboyants. Les plumes de son cou se hérissaient, sa crête était d'un rouge aveuglant et, sur ses longues pattes écailleuses, la pointe des ergots brillait.

« Ah, il fait peur ! se dit Vif-Argent. C'est sans doute le gardien du poulailler. »

Le coq grommelait quelque chose :

– Misérable microbe, comment as-tu osé rentrer dans ce palais ? Tâche de comprendre que c'est moi qui commande, ici. On n'y vient que si l'on apporte à manger, sinon il faut me rendre des comptes ! En garde, téméraire !

Et pour mieux se précipiter sur Vif-Argent, il fit un pas en arrière, le corps cambré. D'un bond il leva les pattes et ouvrit les ailes, le bec en avant.

Vif-Argent n'avait aucune envie de se battre. Il ignorait quel genre d'ennemi pouvait être cet oiseau. Il éclata en aboiements et lui courut autour. Le coq, bien que décidé à la bataille, ne savait plus s'il fallait attaquer ou pas. Et s'il avait le dessous ?

Alors, les poules se lancèrent dans un tel vacarme qu'elles alertèrent la tante Nora qui sortit de la cuisine à toutes jambes.

Brusquement, dans sa course, Vif-Argent eut sous le nez le trou qu'il venait de creuser. Il s'aplatit pour s'y couler, tel un lézard, mais le coq eut le temps de lui expédier un bon coup de bec à la queue.

Vif-Argent s'enfuit au galop. Il se réfugia dans la pénombre du patio et passa un long moment à lécher la blessure de sa queue. Oh ! la la ! ce qu'il faut lutter, dans la vie ! Contre

des chats qui griffent, des coqs qui piquent. Il faudrait qu'il se méfie.

Et pas d'œuf ! C'était vraiment malheureux !

Il entendit les clameurs de la tante Nora, et il sortit une tête prudente de derrière le tas de fagots. Plantée devant l'œuvre du chiot, le passage souterrain, la tante glapissait :

– C'est pas possible ! Le renard ou la belette... Ils viennent en plein jour, maintenant ! Seigneur, ils vont m'égorger toutes mes poules !

Vif-Argent regretta de ne pas savoir parler... La tante Nora était si bouleversée... Il aurait volontiers avoué sa bêtise... Mais, s'il aboyait pour lui expliquer qu'il n'avait cherché qu'à s'amuser, elle n'y comprendrait rien et elle lui donnerait un coup de soulier.

Aussi, autant se cacher... L'atmosphère était à l'orage.

Il prit la décision d'éviter pour toujours les chats et les coqs. Une bonne chose à savoir !

Décidément, on apprend tous les jours, quand on est petit.

Un matin, Vif-Argent dormit plus longtemps que d'habitude. En se réveillant, il entendit ronfler au loin le tracteur de Louison :

« Je vais l'accompagner ! »

Et il entra dans la cuisine pour chercher à manger. L'oncle Pablo y réparait une bêche, et la tante Nora s'activait au fourneau.

Vif-Argent remuait la queue, mais personne ne s'occupait de lui. Du coup, il se mit à sauter, sauter et, soudain, il baissa la tête entre ses pattes avant et fit une cabriole.

– Tu as vu ce que le chien a fait ? dit l'oncle Pablo ?

– Et que veux-tu qu'il fasse ? Un truc de chien !

– Mais non, une cabriole ! Une cabriole !

– Tu crois ?

– Je viens de le voir... De mes yeux !

Vif-Argent suivait la discussion.

– Ce que tu as dans les yeux, c'est des toiles d'araignée !

– Enfin, si je te le dis !

Pour donner plus de poids à ses mots, l'oncle Pablo se leva de son siège :

– Alors, tu ne me crois pas quand je te parle ?

Vif-Argent les observait. Il commençait à se dire que, dans cette histoire, il avait tout à gagner.

– Tu veux voir comment il fait ? Tu veux qu'il recommence ?

– En effet.

– Eh bien, regarde ! Viens, Vif-Argent.

Et l'oncle Pablo lui fit des gestes pour l'inviter à sauter devant la tante. Il ne sauta pas.

– Allez, mon vieux, la cabriole !

Rien.

– Écoute, je te donnerai ce qui est sur le feu si tu nous fais la galipette.

Vif-Argent jeta un regard en biais vers le fourneau et recula un peu.

– Tu ne veux pas ? Tu veux que j'aie

l'air d'une cloche ? Écoute, je te donnerai cette soupe... Avec un œuf. D'accord ?

L'oncle Pablo posa l'assiette par terre. Le chien s'en approcha, mais il l'attrapa par la nuque.

– D'abord la cabriole ! Allez, vas-y, petiot, vas-y !

Et Vif-Argent cabriola. Tante Nora fut bien obligée de reconnaître qu'il était très doué. Puis, il engloutit la soupe à l'œuf. Un œuf presque aussi gros que celui qu'il avait voulu chiper, une certaine fois, dans le poulailler.

Un jour qu'il poursuivait une sauterelle égarée dans la maison, il bondit sur la table et fit tomber un plat de porcelaine. Pour le punir, on le priva de pâtée.

On le traîna jusqu'à l'aire, on l'attacha à un poteau et on le laissa là. Il aboya un peu, mais lorsqu'on le menaça du bâton, il se tut et se coucha. Tout le monde l'oublia.

Dans l'après-midi, l'oncle Pablo revint des champs et attela le cheval. il accompagna la tante au village, pour faire des courses. Tôt le matin, Rizotto avait emmené les autres chiens et ils ne rentreraient qu'à la tombée du jour.

Vif-Argent demeura donc seul, prisonnier d'une corde, en plein milieu de l'aire, devant la maison fermée.

Il somnolait, mais des crampes de faim le réveillaient de temps en temps. Il finit par ronger sa corde, et au bout d'une demi-heure, il réussit à se libérer.

Libre ! oui... Mais impossible de pénétrer dans la ferme pour y chercher à manger.

Sans grand espoir, il alla au poulailler. La forteresse était bien défendue : depuis l'affaire du tunnel, on en avait cimenté les points faibles.

Il gagna le tas de fumier où l'on jetait les ordures : il n'y trouva qu'une ribambelle de mouches. Comme il avait faim ! Il se décida à grignoter quelques amandes sèches éparpillées dans un coin de l'aire.

Que signifiait cette aventure ? Beaucoup de choses... Il devrait s'en souvenir : par exemple, ne pas courir à fond de train dans la maison, car s'il brisait quelque chose, on le priverait de manger. Et c'était important de manger. Sa vie en dépendait.

En fait, il ne devait rien faire qui fâche les humains, parce que les humains punissent les chiens en les attachant. On est très malheureux attaché.

La mémoire de Vif-Argent enregistrait, peu à peu, tous ces faits. Il tâchait de bien faire : on est mieux le ventre plein et libre de gambader !

Les nuits étaient froides. Quand vint novembre, les travaux des champs se ralentirent. Maintenant, l'on ramassait le maïs. On le déposait dans un endroit qui était bien ensoleillé, devant le vieil appentis. Et sur la façade de la ferme, l'on accrochait des épis, groupés en faisceau. Leur couleur rousse, contre le gris et la pierre, était bien jolie dans la lumière de l'après-midi...

On faisait du feu dans la cheminée, tous les soirs, et on allumait aussi un poêle. Le reste de la maison se passait de chauffage.

Les trois chiens dormaient dans le patio, parmi la paille. Ils se blottissaient entre les bottes mal entassées et s'y faisaient un petit nid si chaud que les habitants de la maison auraient pu le leur envier.

Ces derniers étaient réduits à chauffer leurs lits avec des bouillottes en grès, chaque soir.

Une nuit, parce que des bottes s'étaient déliées, les chiens n'eurent pas autant de place pour dormir. Il n'y en avait que pour deux. Qui furent Sanda et Mouillé. L'infortuné Vif-Argent dut coucher à l'écart.

Et il se souvint de tas de choses. Les animaux qu'il avait rencontrés, les chemins qu'il avait parcourus. Il avait la mémoire pleine de formes, de sons. Il savait les reconnaître. Et il avait appris à se défendre.

A l'aube, il entendit un faible bruit, dans la paille. Il ouvrit les yeux, mais ne bougea pas. Ce bruit... Bien sûr ! Le même... Celui qu'il avait entendu dans la cabane, la première nuit. Un rat ! C'était un rat !

Il se lança à l'attaque. Les autres chiens se réveillèrent. Et tous les trois, ils commencèrent à chercher dans la paille, avec frénésie.

Sanda et Mouillé avaient plus de flair que Vif-Argent, cependant celui-ci éprouvait une telle haine pour les rats qu'il mit son point d'honneur à être le gagnant.

Et ce fut lui qui l'attrapa ! Le rat s'était niché sous des bottes de paille. Vif-Argent était le seul à pouvoir s'y faufiler, comme toujours.

De la patte, il maintint le rat ; celui-ci tourna la tête pour le mordre. Vif-Argent fut plus rapide, il retira sa patte. Mais le rat ne pouvait pas s'enfuir : Vif-Argent lui bouchait le passage, la gueule ouverte.

Ils restèrent ainsi un bon moment, avec les deux chiens comme spectateurs. Et, soudain, Rizotto fit irruption, tout décoiffé, armé d'une fourche. Ce fut lui qui résolut le problème posé par le rat.

Après, il passa la main sur les flancs de Vif-Argent et le félicita :

– Tu es très courageux.

C'était la première fois qu'on le lui disait. Vif-Argent en bâilla de satisfaction. Sanda et Mouillé lui grognèrent des compliments.

Un jour nouveau commençait.

7. Noël

Un matin, Vif-Argent sentit qu'il faisait froid, un froid terrible. De l'entrée du patio, il observa que les cimes des montagnes, au nord-ouest, étaient couvertes de neige.

Le soleil étincelait et donnait à la neige une teinte rose, mais l'air âpre, coupant, faisait trembler de froid.

Vif-Argent toussa, puis s'élança vers l'aire. Le chemin étroit qui y conduisait, pris par la glace, avait l'air en verre. Vif-Argent fit du patinage incontrôlé. Il glissa, tomba sur le dos, roula de tous les côtés en se tapant le museau. Il finit par atterrir au milieu de l'aire. Sanda et Mouillé n'avaient même pas ouvert les yeux. Ce Vif-Argent ! Il était le seul à qui il arrivait des aventures pareilles !

Louison lui grommela un salut. Ils étaient amis, mais Vif-Argent était devenu un grand chien, aux longues pattes, aux oreilles pendantes et poilues. Louison ne le caressait plus autant que lorsqu'il était plus jeune.

Cette attitude faisait de la peine à Vif-Argent. Il était encore petit, lui, il aimait encore jouer... Pourquoi Louison ne s'en rendait-il pas compte ?

Et Vif-Argent faisait des sauts tout autour du tracteur pour demander :

– « Tu m'emmènes avec toi, dis ? »

– Allez, viens !

Vif-Argent ne voyageait plus dans le sac, maintenant il courait derrière le tracteur. D'ailleurs, il trouvait cela normal : le devoir du chien n'est-il pas de suivre son maître ?

Ce jour-là, Louison devait biner avant de semer. Mais la matinée était bien entamée quand il put s'y mettre, car il avait dû attendre que le dégel eût ramolli le sol.

Vif-Argent parcourut les alentours de la huerta et les bords de la rivière. Il trouva des figues tardives, toutes ratatinées, et il en mangea quelques-unes. Puis il aperçut un arbre aux fruits rouges à l'aspect savoureux. C'était un gaïac. Il s'approcha du mur de clôture à demi effondré et, par un trou, se faufila dans le verger. Il courut entre les hautes herbes qui le séparaient des fruits merveilleux.

Il allait en avaler un, tombé par terre, quand quelque chose siffla, avec un bruit métallique, tout près de lui. Et, soudain, il eut l'impression que sa queue devenait aussi grande que son corps. La douleur fut telle qu'il se mit à hurler comme un possédé. Jamais il n'avait hurlé avec autant de désespoir. Jamais il n'avait eu aussi mal.

Il était pris dans un piège, de ceux qu'on utilise pour les lapins. S'il bougeait, sa queue serait tranchée net. Il en resta pétrifié. Il se contenta de se démancher le cou pour hurler plus fort.

Louison était en train de labourer : le bruit du moteur l'empêchait d'entendre le chien. Mais Sanda était là, heureusement ! Et ce fut elle qui découvrit Vif-Argent. Elle revint au tracteur en faisant tant de vacarme que Louison comprit qu'il y avait un problème. Il suivit la chienne en courant.

Au prix de beaucoup d'efforts, il réussit à libérer Vif-Argent.

– Quelle idée de mettre des pièges dans les huertas ! se lamenta-t-il. Et tout ça pour attraper quoi : Vif-Argent ! Ne pleure pas, petiot, tout va s'arranger.

La queue blessée pendait. Et Vif-Argent laissait échapper un hurlement, de temps en temps, mais Louison banda la blessure avec son mouchoir, et Vif-Argent se sentit un peu mieux.

Au village, il n'y avait pas de vétérinaire, alors Louison n'hésita pas à conduire Vif-Argent au bourg d'à côté.

Le vétérinaire appliqua une pommade sur la queue du chien, lui fit un bandage serré et demanda à le revoir dans quatre jours. Tout en caressant Vif-Argent, il interrogea Louison :

– D'où sortez-vous ce chien ?

– Je l'ai trouvé. Il était perdu, il mourait de faim.

Le vétérinaire resta songeur :

– C'est curieux. C'est la première fois que j'en vois un comme ça.

– Comme ça ? s'étonna Louison.

– Je veux dire, de cette race... Ces chiens-là sont originaires de Chine. On s'en sert dans les cirques pour faire des tours, des acrobaties.

Louison médita les paroles du vétérinaire. Quelle bizarrerie ! De Chine ! Mais ce chien était né dans le pays, il ne venait pas d'aussi loin !

En sortant, Louison dit à Vif-Argent :

– Je ne t'obligerai pas à faire le

clown mais, à Noël, tu m'aideras pour la représentation théâtrale. Que tu le veuilles ou non !

La blessure de sa queue se cicatrisa si vite qu'on aurait pu croire que Vif-Argent n'avait rien eu. Louison en fut presque aussi content que lui !

Noël arriva dans un envol de cloches, plus lumineux et plus musical que jamais. Au village de Navell, on organisa la représentation que Louison avait annoncée à Vif-Argent.

Trois nuits de suite, les gens du pays, habillés en bergers, apportaient des offrandes devant l'église et récitaient des poésies en l'honneur de l'Enfant Jésus.

Louison, dans son rôle de berger de Noël, se vêtit d'une peau de mouton et se saisit d'un gros bâton. Vif-Argent l'accompagnait.

Louison portait un panier de pains et il s'achemina vers l'église, précédé par le tambourinaire.

Les gens qui, tous les soirs, attendaient la cérémonie faisaient leurs commentaires à voix basse et quelques-uns applaudissaient.

Vif-Argent n'avait jamais vu autant de monde à la fois. Était-ce en son honneur ? Fier comme Artaban, il marchait près de Louison.

A la porte de l'église, la foule était encore plus serrée.

Vif-Argent vit les offrandes déposées sur les marches de l'église : vêtements, saucissons, jambons, deux gros chapons... Et un panier plein d'œufs à la luisante blancheur.

Au maître des cérémonies qui attendait son cadeau, Louison récita :

– *Je t'offre le pain,*
Qu'en Pain de Vie tu changeras,
Bénis, tendre Enfançon,
De ma famille, cet humble don...

Il ne put continuer. Vif-Argent bondit sur le panier d'œufs, s'empêtra avec les chapons, jeta tout en l'air. Effrayé, le maître des cérémonies

tomba en arrière et n'eut que le temps de s'agripper à la porte.

Louison arrêta net sa récitation. Dans un éclat de rire général, il déposa sa panière sur les marches, saisit Vif-Argent par la peau du cou et dégringola la rue en courant. Il retenait comme il pouvait sa *barretina* * qui menaçait de s'envoler.

A la maison, ses sœurs, qui avaient tout vu, se moquèrent de lui et du chien. Celui-ci resta en bas, dans le vestibule. Il faisait très froid, mais Louison le punit en l'attachant à la rampe.

« Qu'est-ce qu'il faut faire ? Qu'est-ce qu'il ne faut pas faire ? » se demandait Louison.

Il devait pourtant corriger Vif-Argent. Et Louison trouva la solution. Il troua chaque extrémité d'un œuf qu'il vida dans une tasse. Avec un peu de cire, il ferma l'un des orifices, puis

* Bonnet catalan.

remplit l'œuf de vinaigre, à l'aide d'un minuscule entonnoir. Lorsqu'il eut bouché le deuxième trou, il se rendit dans l'entrée.

Vif-Argent, tout gêné de son esclandre, remua la queue. Louison lui montra l'œuf :

– Tu le veux ? Tiens, mange-le !

Il pensait : « Le vinaigre le dégoûtera pour toujours. » Et il lui lança l'œuf. Le chien ouvrait déjà la gueule, mais au moment de l'attraper, il détourna la tête avec brusquerie : ça sentait le vinaigre à plein nez !

L'œuf éclata sur les dalles de l'entrée alors que les sœurs de Louison descendaient l'escalier pour venir aux nouvelles. Elles rirent aux larmes ! Louison en fit une tête de trois pieds. Et Vif-Argent s'attrista : son pauvre maître... Il n'avait pas de chance, vraiment !

A partir de maintenant, il ne toucherait plus aux œufs. Cet aliment ne lui créait que des problèmes, c'était clair.

Le lendemain, Noël apporta de la joie à tout le monde. Et Louison considéra que c'était le moment ou jamais de manifester de la bonté : il pardonna à Vif-Argent, qui passa toute la matinée au village. Louison se disait : « Au fond, s'il a fait le fou, c'est peut-être parce qu'il n'était jamais venu au village, qu'il n'avait jamais vu autant de monde. Il faudra l'habituer, sinon il ne sera qu'un chien plouc. »

Et il l'emmena en promenade. En déambulant dans le village, Vif-Argent se rendit compte qu'il existait des gens de toutes sortes : certains élégants, d'autres mal habillés ; il y avait aussi des jeunes et des vieux.

Mais Vif-Argent avait une expérience de plus à subir...

Il suivit Louison jusqu'aux ruines du château. Presque tous les villages ont des vestiges de château, plus ou moins effondrés, sur la colline qui les domine. Celui de Navell avait encore des murs debout, mais il était envahi par les herbes et rempli de pierrailles.

Vif-Argent s'élança en explorateur solitaire. Mince comme un jonc, il se glissait dans tous les trous qu'il rencontrait. C'était drôle !

Il escalada les ruines, déboula parmi les décombres et perdit de vue son maître. Il se retrouva de l'autre côté de la butte, là où commençaient les terres cultivables.

Une bande de gamins jouait à la guerre. Lorsqu'ils virent le chien, ils se mirent à hurler à pleins poumons. Vif-Argent, à l'idée de jouer aussi, bondit parmi les pierres écroulées et se précipita vers eux. Mais, tout à coup, les gamins ramassèrent des cailloux pour le bombarder.

Un ou deux l'atteignirent au flanc. Vif-Argent s'enfuit vers son maître, ventre à terre.

Pendant deux jours, il fut endolori. Trop meurtri d'un côté pour réussir à se coucher ou à s'asseoir.

Alors, tout le monde n'a donc pas envie de fréquenter les chiens ? Avant de s'approcher d'un humain, il valait mieux bien le choisir ! Méfions-nous ! Évitons les gens qui crient et qui jouent à la guerre !

Ah ! tout ce qu'il faut apprendre, dans la vie !

Dans l'après-midi, Louison ramena Vif-Argent à la ferme en apportant des friandises à la tante Nora. Grippée, elle n'avait pu aller au village pour souhaiter un joyeux Noël à sa famille.

A la veillée, Vif-Argent remarqua le manège de Rizotto : il préparait des tas de choses qu'il enfermait dans une gibecière. L'homme vit que le chien l'observait :

– Demain, nous irons à la chasse au renard... Je sais où il se cache, lui dit-il.

8. La chasse au renard

– Tu dois savoir, Vif-Argent...

L'aube avait tout juste point lorsque Rizotto commença ce discours. A son départ de la ferme, flanqué des trois chiens, il faisait encore noir.

– Tu dois savoir qu'il n'y a pas plus méfiant que le renard. Les animaux sauvages sont bien obligés de l'être : ils se défendent comme ils peuvent et, dans la nature, c'est toujours le plus fort qui gagne. Mais l'homme est plus fort que le lapin, le lièvre ou le renard... Alors, ils s'en méfient et ils fuient à sa vue... Quoique le renard... C'est le seul qui parvient à tromper l'homme. Il sait faire semblant d'être mort, par exemple, et, lorsque le chasseur qui croit l'avoir criblé de plomb s'approche pour le ramasser, le renard bondit et détale ! Donc, Vif-Argent, aie l'œil, ne bronche pas et fais comme Sanda et Mouillé qui connaissent la question !

Vif-Argent regardait Rizotto sans le reconnaître. Il l'avait toujours vu presque pieds nus et en bras de chemise. Et voilà qu'il portait un passe-montagne, des bottes, une grosse veste, ainsi qu'un gigantesque cache-nez.

Vif-Argent, lui, se contentait de la même fourrure que cet été. Les humains seraient-ils frileux ? Quelle pitié ! Des gens qui sont si grands, si forts, qui vous font obéir par des cris ou des caresses... Et qui grelottent dès que le temps fraîchit !

Il faut dire que le froid piquait. Il y avait même une mince couche de neige qui avait surpris Vif-Argent au sortir de la ferme. Il avait neigé jusqu'à l'aube et il n'y avait pas un souffle de vent.

L'haleine de Vif-Argent s'exhalait en bouffées de fumée. Sanda et Mouillé avaient encore plus froid que lui. Ils se pelotonnaient contre les jambes de Rizotto. Leur poil ras ne les protégeait pas autant que l'épais pelage de Vif-Argent.

Vif-Argent comprit qu'il fallait rester silencieux. L'heure était grave. De temps en temps, Sanda et Mouillé levaient les yeux. Ils étiraient le cou pour flairer le canon du fusil que Rizotto tenait baissé. Les deux braques, habitués à la chasse, reconnaissaient l'odeur de la poudre dont le canon reste toujours imprégné.

Ils marchèrent longtemps avant d'arriver au sommet d'une butte. Rizotto allongea le pas pour descendre l'autre versant, et les chiens le suivirent, électrisés par le froid.

– Espérons qu'on n'attendra pas trop, dit Rizotto.

Plus bas, près de chênes nains et de

sillons écrasés, il y avait un tas de grosses pierres. Autrefois cultivé, ce lopin de terre était maintenant en friche... Et Rizotto y avait vu le renard. Deux fois.

Ils s'arrêtèrent là. Il faisait encore plus froid, sous les arbustes. Leurs branches noires étincelaient de givre. Et le sol était dur comme un caillou.

Rizotto conduisit les chiens au pied d'un chêne.

– Ici... ne bougez pas, ordonna-t-il à voix basse.

Et il alla examiner trois trous, dans la pente rocheuse. C'étaient les ouvertures qui menaient au terrier du renard. Celui-ci creuse plusieurs issues dans les galeries souterraines qui desservent sa cachette, d'abord pour l'aérer, ensuite pour s'en échapper si l'une d'elles vient à se boucher.

A l'aide de grosses pierres, Rizotto ferma deux des sorties, puis il prit la bêche à manche court attachée à sa ceinture, et approfondit la troisième,

qu'il défendit d'une pierre. Puis il en fit autant avec les deux autres.

Enfin, devant chaque ouverture, il alluma un feu, avec du papier qu'il avait apporté et du petit bois. Puis il rajouta du bois vert pour que la fumée soit plus épaisse. L'opération consistait à enfumer le terrier à tel point que le renard, asphyxié, soit obligé de sortir.

Vif-Argent n'avait jamais chassé de sa vie. Du moins, dans les règles. Pourtant, il devinait que la chasse n'est pas une plaisanterie. L'inquiétude de Sanda et de Mouillé le lui disait bien : ils tremblaient d'impatience autant que de froid. Mais, le froid, ils l'oublieraient dès qu'apparaîtrait le renard.

Si Vif-Argent savait ce qu'était la neige lorsqu'elle tapisse le sol, il n'avait jamais vu neiger... Et voilà que de gros flocons se mirent à tomber, avec solennité, blancs comme des boules de coco.

Vif-Argent leva la tête... Était-ce

bon à chasser, ça ? Ce devait être des oiseaux ou des papillons. Et il aboya.

Affolés par ses cris, Sanda et Mouillé partirent en courant dans tous les sens. Rizotto cracha un gros mot, attrapa son fusil. Et le renard jaillit de son trou. Comme un éclair.

C'était un animal splendide à la queue touffue, mais il s'échappa si vite que Vif-Argent l'entrevit à peine. Il bondit entre les taillis pour s'élancer à travers champs. Dans une course folle, Sanda se jeta derrière lui, Mouillé sur les talons. Rizotto, en quatre enjambées, gravit la butte.

Vif-Argent comprit qu'il avait mis les pieds dans le plat. Sans le vouloir. Donc, ce qu'on appelait chasser était poursuivre ces espèces de petits chiens à la queue ébouriffée qui surgissent des terriers ? Et pourquoi se sauvent-ils si vite ?

Rizotto grommelait toujours. La neige tombait, de plus en plus serrée. Vif-Argent trouvait que la situation n'avait rien d'amusant... Quoiqu'il manquât d'éléments pour la juger. Pourquoi Sanda et Mouillé étaient-ils partis comme des fous derrière le renard ? Et pourquoi n'en avait-il pas fait autant, lui, Vif-Argent ?

Tout à coup, un deuxième renard déboucha du terrier, tel un boulet de canon. Il était petit, cuivré, les oreilles toutes droites. Il frôla Vif-Argent qui fut parcouru d'une force inconnue, bizarre... Une proie venait de passer près de lui. Il l'avait sentie, soudain. Il avait vu sa silhouette, ses yeux vifs, le pelage blanc de son cou. Et il avait ressenti l'instinct de la chasse.

Vif-Argent ne courait pas aussi vite que Sanda et Mouillé, mais il était très résistant. Il allait, à grands sauts puissants. Et le second renard ne possédait pas la même agilité que le premier : il avait avalé plus de fumée. Il ne tarderait pas à se fatiguer.

Dans le feu de la poursuite, Vif-Argent oublia Rizotto et les chiens. Le petit renard (il semblait très jeune) se faufila parmi les buissons non loin de figuiers squelettiques. Et Vif-Argent le poursuivit à une allure toujours plus rapide, sans pouvoir retenir les jappements qui montaient de sa gorge et éclataient en affreux cris de combat.

Terrifié, le renard maintenant zigzaguait, sautait les sillons ou s'aplatissait au sol pour passer inaperçu. Il jouait sa vie.

Mais Vif-Argent était infatigable. Il l'avait déjà prouvé, tout petit, perdu une nuit entière dans les champs. Et le moment de le démontrer à nouveau était arrivé.

Rizotto avait vu Vif-Argent se ruer derrière le renardeau et il murmura en se grattant la barbe :

– Celui-là... Il se rend compte un peu tard... J'aurais mieux fait de ne pas l'emmener ! Il n'est ni chasseur ni rien du tout !

Il le perdit de vue. Et, comme il ne devait plus rester de renards dans le terrier, sinon ils s'en seraient déjà échappés, Rizotto rajouta un peu de bois aux braises et se chauffa les pieds.

Pendant ce temps, Vif-Argent pourchassait sa proie qui fuyait, obstinée. Ils dégringolèrent des ravins, ils s'enfoncèrent en pleine campagne jusqu'au moment où un amoncellement de rochers leur barra le chemin. Alors, le renard se colla le dos aux pierres et fit face au chien. Vif-Argent resta saisi. La situation n'était plus la même. Le renard avait les yeux vitreux et remuait la tête d'avant en arrière, avec nervosité. Il se préparait à sauter... Peut-être.

« La sale bête, pensa Vif-Argent, elle va me donner du fil à retordre ! »

Il ne savait plus que faire. Il se mit à aboyer de toutes ses forces pour appeler l'homme et les chiens. Ils se regardaient, lui et le renard... Ce dernier essaya bien de filer mais, en deux bonds énergiques, Vif-Argent défendit le passage.

Ses aboiements étaient tellement

insistants que Rizotto comprit qu'un chien avait débusqué le renard. Mais lequel ? Le bruit le guida... Ma parole, Vif-Argent ! C'était difficile à croire !

Au pied des rochers, dressées l'une en face de l'autre, les deux bêtes s'épiaient. En apercevant le chasseur, le renard comprit qu'il était perdu. Il claqua des mandibules avec un étrange glapissement et, rapide comme la foudre, se jeta sur Vif-Argent. Sa gueule ouverte se referma sur l'oreille du chien qui roula par terre et tenta de l'agripper avec ses pattes.

Le chien et le renard étaient si étroitement enlacés que Rizotto ne pouvait pas tirer : il risquait de toucher Vif-Argent.

Le renard mordait avec fureur, mais, remis de sa surprise, Vif-Argent attaqua à son tour. Il ne se contenta pas de mordre : il se servit de ses grosses pattes pour marteler son ennemi. Puis, le clouant au sol, il lui planta ses crocs dans la gorge. Et il serra. Le renard respirait à peine.

Lorsqu'il resta immobile, Rizotto s'écria :

– Tu es très courageux, Vif-Argent ! J'arrive avec le sac !

Il descendit de rocher en rocher et mit le corps du renard dans le sac qu'il avait apporté.

– Je vendrai sa peau. La peau du renard est toujours plus belle en hiver.

A genoux par terre, il nouait le sac lorsqu'il se rendit compte que Vif-Argent était blessé. Il avait l'oreille qui saignait, et portait aussi des morsures aux pattes et au museau. Ce n'était sans doute pas grave, mais il fallait rentrer au plus tôt à la ferme. La neige qui tombait, de plus en plus épaisse, pouvait devenir dangereuse.

Sanda et Mouillé firent irruption. Ils aboyaient avec une certaine humilité : le premier renard leur avait échappé. « Sans doute s'est-il glissé dans un autre terrier... », déduisit

Rizotto. Mais il était content. Il avait capturé un renard, et l'autre, sans doute, s'éloignerait de ces dangereux parages.

Les deux braques s'approchèrent du sac, le flairèrent et remuèrent la queue.

– Vous pouvez toujours renifler, mais c'est Vif-Argent qui a attrapé le renard, fainéants ! s'exclama Rizotto.

Mouillé, qui avait envie de jouer avec Vif-Argent, bondissait autour de lui, mais Vif-Argent était à bout de forces et il avait mal. Sanda repoussa son fils pour lécher les plaies de Vif-Argent. Et celui-ci, retrouvant un peu d'énergie, la remercia à coups de langue.

Au retour, avec un instinct très sûr, Sanda et Mouillé mirent Vif-Argent entre eux, pour qu'il ait plus chaud. Mais, lorsqu'ils se virent tout près de la ferme, les deux braques oublièrent le blessé et se précipitèrent ventre à terre vers la chaleur et la nourriture.

Vif-Argent en fut tout étonné. Alors,

ils l'abandonnaient ? La neige qui tombait sur ses blessures brûlait comme du feu.

En se retournant, Rizotto vit le chien immobile, la tête basse. Il revint sur ses pas et le prit sous son bras. Il y avait par terre au moins vingt centimètres de neige.

Vif-Argent eut la meilleure place, près de la cheminée, et l'assiette la mieux remplie. Sanda et Mouillé en prirent leur parti et, après s'être un peu réchauffés, ils allèrent se cacher dans la paille du patio.

9. Vif-Argent va au cirque

L'hiver passa de son pas lent qui semble endormir les choses, comme si plus jamais les plantes n'allaient refleurir ni les gens se défaire des pelisses, des bonnets et des manteaux.

Rizotto avait vendu le renard à un collectionneur de la ville qui voulait l'empailler. Vif-Argent se réjouissait de se sentir plus fort. De jour en jour, il démontrait à quel point il était résistant. A la ferme, il jouissait d'une certaine estime. Maintenant, Sanda et Mouillé le considéraient comme leur égal.

Louison espaçait ses visites : il

avait peu de travail en hiver. Il n'avait plus à labourer ni à transporter la récolte.

Vif-Argent se languissait de Louison, son premier ami. C'est pour cette raison qu'en le voyant arriver, un jour, il fut si content qu'il se mit à bondir en tous sens, sur l'aire. Louison n'était pas venu avec son tracteur, mais à moto. Vif-Argent n'avait jamais vu de moto. Pendant un long moment, il la regarda, la regarda et la regarda encore.

Louison bavarda avec la famille, fit au chien une vague caresse et s'en alla. Vif-Argent se sentit tout triste. Et si Louison ne l'aimait plus ? Il n'avait pas joué avec lui, il n'avait pas lancé de bâton pour qu'il le lui rapporte... Cette moto toute neuve, si bruyante, si étincelante... Peut-être l'aimait-il plus que lui, son meilleur ami ?

Une autre fois, Louison fit une brève visite. Il était très bien habillé. Il portait une cravate, une gabardine à col de fourrure et ses souliers reluisaient. Mais il repartit sans avoir prêté attention à Vif-Argent, qui chercha un peu d'affection auprès de Rizotto... Après tout, celui-ci l'emmenait dans les bois et lui offrait des croûtes de pain.

Pour s'occuper, Vif-Argent jouait avec Sanda et Mouillé. Surtout avec Mouillé. Ils se mordillaient les oreilles, se roulaient par terre, poursuivaient les moineaux qui, en hiver, lorsque les champs sont vides, viennent picorer près des maisons.

Ce jour-là, Vif-Argent s'ennuyait. Il bâillait, allongé dans la paille du patio. De Louison, pas de trace... Dans la matinée, Rizotto était parti tout endimanché au village, tandis que les cloches carillonnaient. Les deux vieux étaient à la cuisine. Au poulailler, rien ne bougeait. La brume qui flottait devenait parfois plus épaisse et le paysage semblait s'y dissoudre. L'humidité suintait des châtaigniers et des pins.

Vif-Argent se leva d'un bond :

direction, le village ! Il s'en souvenait très bien : la maison de Louison, les rues où, à chaque coin, il avait poursuivi des chats, la fontaine dont l'eau coulait sans relâche et qu'il ne réussissait pas à attraper...

Ce déchaînement de cloches voulait dire quelque chose ! Et, malgré le brouillard, Vif-Argent discernait une petite musique : des cymbales et des trompettes... Sur le chemin, il ne courut pas, il vola. Peu après, le village fut en vue. Il s'arrêta pour le regarder. Il reconnut l'endroit où on lui avait jeté des cailloux et il fit un détour pour l'éviter. Bientôt, il retrouva la rue de Louison.

Il se précipita dans l'entrée de la maison et aboya deux fois. Silence. Au bout d'un moment, la porte qui donnait sur l'escalier s'ouvrit et Louison apparut, la figure pleine de savon à barbe.

– Vif-Argent, qu'est-ce que tu fiches ici ?

Et il dégringola les marches pour jeter un coup d'œil dans la rue.

– Tu es venu tout seul ? Repars immédiatement ! Tu ne peux pas rester ici. C'est la *Fiesta Mayor**. Tu seras seul toute la journée. Il risque de t'arriver quelque chose. File ! Va m'attendre à la ferme ! Va-t'en !

Vif-Argent ne bougea pas. Il remuait la queue, les yeux humides, et poussait de timides jappements de joie. Il avait si peur que Louison ne le chasse !

– Je t'ai dit de filer ! Je suis pressé, mon vieux ! se mit à crier le jeune homme.

A ce moment, très élégante dans un manteau blanc, apparut une demoiselle qu'accompagnait une petite fille tirée à quatre épingles, elle aussi.

Et Vif-Argent se sentit coupable de la subite rougeur de Louison, de ses balbutiements. Mais Louison le saisit

* Grande fête du village, avec fête foraine, vente de beignets, cirque.

par la peau du cou et le traîna jusqu'à une porte de côté qui donnait sur une espèce d'étable. Où il l'enferma.

Plongé dans les ténèbres, Vif-Argent, ne sachant que faire, colla la tête contre le battant clos. Sans doute pour écouter la conversation.

– Excuse-moi, Élise, disait Louison, c'est le chien de la ferme, Vif-Argent. Je ne sais pas comment il est parvenu jusqu'ici. Il m'a fait perdre du temps et...

La jeune fille pouffa de rire :

– Que tu es drôle, Louison ! Tu as tout d'un clown ! Tu devrais te faire engager au cirque !

Et elle pouffa de nouveau.

Vif-Argent, s'il ne comprenait pas bien les paroles, en saisissait parfaitement le sens... Les chiens sont malins. Mais il abandonna son poste pour dénicher un coin où se cacher, un trou par où s'échapper... Qu'il trouva. C'était une lucarne assez haute : au troisième saut, il réussit à l'atteindre. Il l'escalada et retomba de l'autre côté. Le choc fut rude, mais Vif-Argent serra les dents. Mieux valait ne pas se faire remarquer !

Il était dans un patio. Et, de l'autre côté du mur, éclatait la musique des cymbales et des trompettes... Vif-Argent grimpa sur le mur. Et il resta saisi.

Suivis de tous les gamins du village, des hommes et des enfants, vêtus de mille couleurs, faisaient la parade. C'était la troupe du cirque qui campait au village pour les fêtes d'hiver. Un petit garçon portait une pancarte qui annonçait : CET APRÈS-MIDI, GRAND SPECTACLE. Un ours et des petits chiens défilaient avec les saltimbanques. C'était formidable !

Vif-Argent n'y réfléchit pas à deux fois : il sauta dans la rue. A nous la liberté ! Et il emboîta le pas aux musiciens jusqu'à l'esplanade où le chapiteau et les deux roulottes du petit cirque étaient installés.

Des gamines qui avaient envie de le caresser appelèrent Vif-Argent. Mais

CIRQUE

qu'avaient-elles donc dans la main ? Tiens, des morceaux de *churros* *... Vif-Argent les jugea tout à coup très sympathiques et se laissa câliner... Mais il jeta un regard significatif aux churros... Y goûter ne le gênerait pas du tout !

Les petites filles partagèrent. Et, après, il les suivit de loin au cas où... Et s'il récoltait un petit quelque chose en plus ?

Mais, à l'heure du déjeuner, les rues se vidèrent. De toutes les fenêtres s'exhalaient des odeurs aussi différentes et appétissantes les unes que les autres... *Cocido* **, *estofado* ***, poulet en *pepitoria* ****, porc à la tomate... Comme ça sentait bon ! Si bon que ça montait à la tête de Vif-Argent qui en avait l'eau à la bouche.

« Tout ceci me paraît très bien, se

* Beignets allongés et cannelés, minces comme le doigt.

** Sorte de pot-au-feu avec des pois chiches.

*** Ragoût cuit à l'étouffée.

**** Fricassée de poulet avec une sauce aux amandes.

disait-il. On mange comme des rois, ici. Dans ce village, les chiens doivent être gras à éclater. Je vais voir si on m'invite... Je ne peux pas retourner chez Louison. Il est trop fâché contre moi. Alors, où aller ? Je ne connais personne. Dommage d'avoir perdu de vue les petites filles ! »

Il arriva à l'auberge. Il était tard. Il n'y avait plus que des marchands ambulants, et Rizotto, à une table du coin. Vif-Argent resta sur le seuil en remuant la queue. Rizotto finit par le remarquer.

– Diable ! s'exclama-t-il.

Tout le monde se tourna vers la porte, sans piper mot. Vif-Argent crut ce silence approbateur et il s'invita. Il entra tout à fait. Mais la patronne se précipita en brandissant son tablier.

– Ce chien est à moi, dit Rizotto.

Son intervention évita une bonne raclée à Vif-Argent. Rizotto mit des restes et des os dans un papier. Il sortit de l'auberge, Vif-Argent sur les talons. Et, à un coin de rue, il lui donna à manger. Il le regarda se remplir le ventre.

– Diable de chien ! Venir jusqu'au village ! Tu as vu Louison ?

Le chien comprit si bien la question qu'il jeta deux aboiements, la queue basse.

– Tu dis qu'il n'a pas voulu de toi ? Écoute, le mieux est que tu rentres à la ferme. Allez ! A la maison !

Sur ces mots, Rizotto quitta Vif-Argent qui le vit descendre la rue et s'engouffrer dans un café avec d'autres hommes. Et voilà ! Vif-Argent était tout seul, une fois de plus. Il jeta un coup d'œil autour de lui. Au fond, il serait si bien dans la paille du patio ! Pourtant... ces drôles d'artistes aux déguisements bariolés... Il aimerait bien les revoir !

Et, lorsque les gens se pressèrent vers l'esplanade pour assister à la représentation, Vif-Argent les accompagna. Dans la foule, il aperçut Louison. Il essaya de courir vers lui, mais il s'arrêta tout à coup. Louison était avec la jeune fille au manteau blanc. Il la tenait par le bras. Leurs mains se joignaient. Et ils pénétrèrent dans le cirque.

Tout le monde passait par une guérite qui était à la porte. Un homme donnait un ticket contre un peu d'argent. Vif-Argent se rendit compte qu'il ne pouvait entrer par là. Il fit le tour de la tente. Dans la toile, il découvrit une déchirure par laquelle il se faufila.

Le cirque était petit. On n'était pas mal, à l'intérieur. Autour de la piste, il y avait seulement des chaises. Vif-Argent se glissa sous elles et alla se cacher entre deux caisses, au premier rang. Pas plus les spectateurs que les artistes, dans la lumière de la piste, ne pouvaient le voir.

Dans le fracas de la musique, deux enfants exécutèrent un numéro avec des ballons énormes qu'ils faisaient rouler, sauter, sur lesquels ils bondissaient. Vif-Argent sentait des chatouillis dans les pattes. Ah ! S'il pouvait courir sur cette piste toute ronde, éclaboussée de lumière !

Puis, une fille monta le long d'un mât pour aller marcher sur un fil de fer. Elle portait un collant noir et une jupette d'un rouge et vert criards. Elle était si petite que, tout là-haut, on aurait dit un moineau.

Les spectateurs applaudirent. Vif-Argent tourna la tête. Il vit parmi eux Louison et la jeune fille. Louison glissait la main dans les cheveux de sa compagne, tout en regardant la piste. La jeune fille regardait Louison.

Alors, Louison ne caresserait plus Vif-Argent ? C'était fini ? Pour protester, Vif-Argent eut bien envie d'aboyer... Mais d'autres aboiements résonnèrent sur la piste. Un homme y faisait irruption, flanqué de trois petits chiens, fragiles, nerveux. L'homme salua le public. Et Vif-Argent fixa les yeux sur ses congénères : qu'étaient-ils capables de faire ?

Sur un ordre de leur maître, ils

dansaient sur les pattes de derrière, tournaient, bondissaient les uns par-dessus les autres. Ils se poursuivaient ou poursuivaient une balle. Le public n'applaudissait qu'à moitié.

Vif-Argent se souvint tout à coup qu'il savait faire quelque chose dont ces bestioles étaient incapables : la cabriole ! Quel succès il avait eu avec l'oncle Pablo ! Et s'il cabriolait devant cette foule ? Eh bien, le succès serait encore plus éclatant ! Et Louison serait si fier de lui qu'il lui pardonnerait. Peut-être même qu'il recommencerait à le caresser au lieu de caresser cette fille...

Vif-Argent, dès qu'il avait une idée, la réalisait aussitôt. Il bondit hors de sa cachette et, d'un saut immense, il atterrit au milieu de la piste. Tout le monde crut que cela faisait partie du numéro. Les applaudissements éclatèrent.

« A peine j'apparais et on applaudit ! Qu'est-ce que ça va être après. »

Pour l'éjecter de la piste, l'homme

aux chiens fit claquer son fouet, mais Vif-Argent lui échappa et tenta de revenir en plein milieu. Les spectateurs éclatèrent de rire : ce chien était le clown de la troupe !

Lorsque enfin il parvint au centre, Vif-Argent fit une, deux, trois cabrioles. Le dompteur cessa de le poursuivre. Sous un feu nourri d'applaudissements, Vif-Argent, la langue pendante, prenait son élan avec les pattes de derrière, pliait un peu les pattes de devant, baissait la tête et... Hop ! Une galipette !

Pour terminer, il effectua un tour de piste, enchaînant cabriole sur cabriole. Parmi le public, il y avait peut-être quelqu'un qui l'appelait par son nom, était-ce Louison ?... Il n'eut pas le temps de s'en assurer. Il sortit de scène par la porte du fond, à la suite des petits chiens.

Les applaudissements l'assourdissaient encore quand il se sentit étranglé par une corde. Il tenta de s'en libérer, mais en vain. Plus il se débattait, plus il s'étranglait. Et il avait peur, dans la pénombre. On lui mit une muselière si étroite qu'elle l'empêchait d'aboyer, puis on l'entraîna dans une roulotte. Le dompteur, après avoir resserré d'un cran la muselière, attacha Vif-Argent au pied de sa couchette, puis il quitta la roulotte en fermant la porte.

Vif-Argent entendait la musique, les rires, les applaudissements. Peu à peu, les bruits cessèrent. Le silence tomba, traversé d'éclats de voix.

Vif-Argent reconnut celle de Louison...

– Ce chien est à moi !

Et celle du dompteur :

– J'ai bien envie de vous l'acheter...

Le menteur !

– ... C'est un animal doué pour le cirque.

– Mais il n'est pas à vendre ! Alors, vous dites qu'il a filé ?

– Comme un lapin ! Dès qu'il est sorti de la piste, il est parti en courant, vers l'une de ces rues, par là-bas...

– Il a dû retourner à la ferme.

Vif-Argent griffait inutilement la muselière. Il voulait se libérer, s'échapper. Parce qu'il savait que l'homme qui le retenait l'avait volé pour l'enrôler dans son cirque. Où comptait-il l'emporter ?

Louison s'en alla. La représentation qui venait de s'achever était la dernière. Vif-Argent entendit démonter le chapiteau.

Impuissant et fou de rage, il déchira à coups de griffe les draps de la couchette.

10. Vif-Argent attaque

L'homme aux chiens ne maltraita pas Vif-Argent. Il ne lui adressa pas la parole : c'était sa tactique.

Pendant deux jours, Vif-Argent voyagea avec le dompteur et la danseuse de corde. Un homme et deux gamins suivaient dans l'autre roulotte qui remorquait la double cage de l'ours et des petits chiens. Les véhicules cahotaient, ils étaient vieux, leurs moteurs essoufflés.

Vif-Argent resta donc enfermé et il n'eut presque rien à manger. Quelques pommes de terre bouillies...

Mais le troisième jour, les saltimbanques s'arrêtèrent et campèrent dans la montagne. Ils montèrent une partie du chapiteau qui leur servit de tente et ils passèrent la journée en plein air. L'hiver tirait à sa fin, mais il faisait encore frais, dans ce coin-là.

L'homme aux chiens sortit Vif-Argent de la roulotte, sans lui ôter sa muselière. Il portait sa blouse rouge de scène et avait à la main un bâton d'un vert étincelant.

L'homme dessina un cercle dans l'air, avec son bâton, pour signifier à Vif-Argent qu'il devait sauter et faire la cabriole. Mais Vif-Argent était trop triste pour avoir envie de travailler. L'homme s'en rendit compte. Il lui permit de reprendre ses esprits, attaché à un arbre.

Au bout de cinq minutes, l'homme lui ôta sa muselière. Vif-Argent jappa de joie et remua la queue. La danseuse empoigna sa laisse, et l'homme lui montra de nouveau le bâton vert, puis il sortit un morceau de sucre de sa poche... Vif-Argent, le ventre creux, tendit le cou pour attraper le sucre, mais le bâton vert l'en sépara.

Une seconde fois, le bâton traça le cercle et la main offrit le sucre. Vif-Argent baissa la tête... et il fit la cabriole. Alors, l'homme lui abandonna le sucre. La bouche de Vif-Argent se remplit d'une saveur suave.

Le dompteur recommença tout de suite à lui montrer le bâton, à dessiner le cercle... Et Vif-Argent refit la galipette. Il fut récompensé par un autre sucre. Enfin ! Quel plaisir ! On lui donnait quelque chose de bon !

Mais l'homme aux chiens, toujours sans un mot, le rattacha à l'arbre. Les saltimbanques se mirent à préparer le repas, les gamins coururent chercher du petit bois, la danseuse cousait : personne ne s'occupait de Vif-Argent.

A la tombée du jour, le dompteur libéra Vif-Argent. Allait-il s'enfuir ? Mais Vif-Argent n'y songeait pas : il avait trop faim. Il regarda l'homme et il roula en une cabriole. Alors son dompteur fit signe que non avec le doigt. Il prit le bâton vert, traça le cercle... Le chien obéit : une cabriole. Et un sucre !

Puis le dompteur confectionna une grossière paillasse d'herbes, entre deux sacs. Il y installa Vif-Argent, en fixant sa laisse à la roulotte. Comment ? On l'obligeait à dormir à la belle étoile, par ce froid ?

Il faisait nuit noire lorsque le dompteur sortit de la roulotte. Il avait à la main une lanterne... Et le bâton vert. Vif-Argent n'attendit pas qu'il dessine le cercle : à peine détaché, il fit la cabriole. Alors, l'homme le mit au chaud dans la roulotte.

Pendant toutes ces journées, il n'avait eu à manger que des patates bouillies et quelques morceaux de sucre... Mais ce n'était pas le pire, pour Vif-Argent. Où était sa liberté ? Courir où il voulait quand il voulait ? Et pourquoi l'obligeait-on à faire les choses au moment précis ordonné par l'homme aux chiens ?

Drôles de manies... Un chien ne peut donc faire la cabriole que si on lui met un bâton vert sous le nez ?

La ferme lui manquait. Et Louison... Oh, il ne s'occupait plus beaucoup de lui, ces derniers temps... Mais c'était tout de même le meilleur ami qu'il ait jamais eu.

Le jour suivant, ils reprirent la route, au rythme des roulottes poussives. Alors que le soleil se couchait, ils arrivèrent près d'un village aux toits pointus et dressèrent le chapiteau.

Vif-Argent entendit sonner les cloches... Il se souvint de la fête, du cirque. Ils allaient donner une représentation, sans doute. Il ferait sa cabriole. Le public applaudirait... Mais Vif-Argent resterait attaché. Toujours attaché.

Pendant ce temps, Louison avait couru en tous sens. Il chercha le chien dans tout le village, à la ferme. Il passa deux jours à battre les bois. Et si Vif-Argent était tombé dans une ravine ? S'il avait une patte brisée ? Il ne pourrait pas rentrer à la maison...

Que Vif-Argent ait disparu de façon si soudaine paraissait très étrange à Rizotto. Pour lui, Vif-Argent, à l'affût de Dieu sait quoi, était monté dans un camion qui l'avait emporté au loin... Rizotto était persuadé que le chien était vivant... Mais où ? Il n'en savait fichtre rien.

Louison, au bout de quelque temps, abandonna les recherches. Vif-Argent était bel et bien perdu. Il fallait s'y faire.

L'oncle Pablo était beaucoup plus méfiant. Il suggéra que les saltimbanques avaient dû enlever Vif-Argent à la suite de son succès. Louison poussa de hauts cris. Quelle idée ! Impossible ! Le dompteur paraissait honnête...

Mouillé, privé de son compagnon de jeux, titillait sa mère. Sanda, elle aussi, regrettait ce chien bizarre qui n'était pas de sa race et que Louison aimait tant.

Mais les jours passaient. Les arbres se couvrirent de bourgeons. Louison recommença à sortir le tracteur. On binait les carrés de pommes de terre avant de les ensemencer. La neige des cimes avait fondu. Seuls les sommets les plus hauts en gardaient des traces. Et, peu à peu, tout le monde oublia Vif-Argent. Sauf Louison. Dire qu'il l'avait négligé... Qu'il ne l'avait pas traité avec assez d'amitié... Il était bourrelé de remords.

Sa famille et ceux du village se moquaient de son chagrin. Seule Élise comprenait Louison, parce qu'elle l'aimait. Pour de bon. Elle savait qu'il tenait à Vif-Argent, même si ce n'était qu'un chien.

Tout chien peut se faire aimer... Alors, que dire d'un chien malin et original comme Vif-Argent ?

Louison se jura d'avoir un chien

tout pareil à Vif-Argent le jour où il aurait une maison à lui, et une famille.

Vif-Argent suivait les saltimbanques depuis plus d'un mois. Le paysage avait changé, les habitants des villages qu'ils traversaient ne parlaient pas la même langue * que Louison et Rizotto.

Partout, Vif-Argent déchaînait les applaudissements avec son numéro, le clou du spectacle. Cela ne l'empêchait pas d'être triste. On l'amenait sur la piste au bout de sa laisse. Le dompteur expliquait que ce chien, venu de Sibérie, était très sauvage, qu'il était impossible de le lâcher et, la corde en main, il ordonnait à Vif-Argent de faire ses cabrioles. Après, on lui donnait un morceau de sucre,

* Louison et Rizotto, habitants d'une province catalane, parlent le catalan. Vif-Argent tourne maintenant dans les provinces où l'on parle le castillan, c'est-à-dire l'espagnol.

et des pommes de terre graisseuses, une fois dans la roulotte...

L'autre homme de la troupe, un paquet de muscles, tordait des barres de fer et montait tout seul le chapiteau. Il buvait. Une nuit, il rentra tellement ivre qu'il trébucha dans la chaîne de Vif-Argent, attaché à la roulotte. Le dompteur et les gamins étaient allés au village afin d'obtenir l'autorisation de donner une représentation le lendemain. Dans la voiture, il n'y avait que la danseuse de corde, qui se lavait les cheveux.

Donc, l'homme buta, puis s'écroula de tout son long. Il resta par terre jusqu'à ce qu'une idée soudaine le fît asseoir. Le poing serré, il se mit à crier :

– Sale bête ! Je vais t'apprendre à faire tomber les gens, moi !

Il se mit debout avec peine et chercha de quoi frapper l'animal. Puis il se précipita sur Vif-Argent. Mais celui-ci n'était plus un petit chien : il avait de grosses pattes bien solides et

de bons crocs. Il était gentil, soit, mais, le cas échéant, il savait se défendre. Il se dressa, au bout de la chaîne, le cou tendu, les babines retroussées.

Une barre de fer à la main, l'homme rata le premier coup. Son élan lui fit démolir un cageot et le précipita contre la roulotte, avec fracas. La danseuse en sortit, effrayée :

– Qu'est-ce que tu fais ? s'écria-t-elle.

– Je vais tuer ce chien !

Il fit un pas en avant et jeta un coup d'œil autour de lui.

– Non ! hurla la fille.

L'homme s'emparait de la hache à débiter le petit bois. Prêt à mettre Vif-Argent en pièces. La danseuse, en larmes, bondit vers le chien et, sans réfléchir davantage, le détacha. Elle n'eut même pas le temps de lui dire « Va-t'en ! », Vif-Argent fila comme une flèche. Et la danseuse leva les bras au ciel. Qu'avait-elle fait ? Le meilleur chien de la troupe ! Elle l'avait laissé échapper !

L'homme, la vue troublée par la

boisson, se rendit compte de la fuite du chien lorsque, perdant l'équilibre, il vint heurter la fille. Il se mit à glapir :

– Pourquoi l'as-tu libéré ? Pour que je ne puisse pas l'attraper ? Tiens, prends ça !

Et il lui flanqua une gifle.

Vif-Argent s'arrêta dans sa course et tourna la tête. En voyant l'homme frapper la fille, il gronda, fit volte-face et revint à toute vitesse. Alors, sautant sur l'hercule, il lui planta ses crocs dans le dos. L'autre l'envoya promener d'un coup de poing. Vif-Argent lui mordit la main. Et deux ou trois fois encore, à chaque coup de poing reçu.

En pleine lutte, l'homme se fit mal à la jambe contre les marches de la roulotte et il roula sur le sol en gémissant. La danseuse s'enferma à double tour dans le véhicule. De leur cage venaient les aboiements furieux des petits chiens.

Vif-Argent remua la queue. Il était

satisfait et fatigué. Alors, il vit luire, sur le chemin, la lanterne bien connue du dompteur. Celui-ci revenait du village avec les gamins...

Vif-Argent avait accompli sa mission : il avait défendu la jeune fille. Et maintenant... Que faire ? S'il restait ici, l'homme aux chiens le récompenserait avec un bon dîner, quelques bouts de sucre... Et après ? Il l'attacherait... D'ailleurs, même si un jour on ne l'attachait plus, sa vie serait toujours la même : la roulotte, les foires et les cabrioles... Plus jamais il ne muserait dans les bois, plus jamais il ne chercherait de champignons, plus jamais il ne courrait dans la montagne.

Inutile de tergiverser ! Vif-Argent se coula dans l'ombre protectrice de la nuit. Il s'éloigna du village, et, prenant le chemin de la montagne, il se mit à courir.

Maintenant, il avait vraiment les pattes les plus puissantes qu'un chien ait jamais eues, parce qu'il était entraîné à prendre appui sur elles pour sauter. Il se sentait sûr de lui. Les dangers à venir, aussi inquiétants soient-ils, ne lui faisaient pas peur. Et la distance ne comptait pas.

Pourtant... Comment retrouver la ferme ?

Il l'ignorait... Mais il y parviendrait. Il n'avait qu'une idée en tête : revoir les personnes aimées, les lieux familiers, les chiens complices. Ah ! Louison, Rizotto... Et les vieux de la ferme... Et Sanda... Et Mouillé !

Plus il se souvenait d'eux, plus il courait vite. C'était une rafale, un éclair, une étoile filante.

Il y avait en lui toute l'énergie du monde, et le monde entier devant ses pas.

11. Comme un loup

Il ne s'arrêta que le lendemain, à la tombée de la nuit. Il avait parcouru huit kilomètres, environ. Et il se souvint qu'il avait vécu quelque chose de pareil, petit : des heures et des heures dans les ténèbres, par les champs, les chemins, les sillons...

Le dompteur allait-il le poursuivre ? Peut-être que non. Bien sûr, il était un élément important du petit cirque, mais où diable le chercher ? Le dompteur ne saurait de quel côté se tourner. Il n'avait aucune piste. D'ailleurs, un animal peut faire vingt mille tours et détours, disparaître en un clin d'œil et se cacher beaucoup mieux qu'un homme.

Au cirque, la consternation régnait. Cette situation imprévue était inimaginable. Le dompteur attendait le réveil de l'hercule pour prendre une décision. Il voulait mettre les choses au point, lui dire son fait, s'en séparer, peut-être.

Allait-il déposer à la police le signalement du chien ? C'était risqué. Sans doute, à la longue, le retrouverait-on, mais les véritables propriétaires de l'animal ne risquaient-ils pas d'avoir vent de la chose ? Et le dompteur se demandait quelles en seraient les conséquences... Un procès... La fermeture du cirque... Après tout, il avait volé le chien. Il était coupable et la chance lui avait tourné le dos.

Il décida de se taire. Il fit une croix sur le chien. Au bout du compte, celui-ci lui avait rendu service en défendant la jeune fille. Pour le remercier, il pouvait lui faire cadeau de la liberté. En y réfléchissant, ce chien-là ne ressemblait pas aux autres. Il n'avait pas le tempérament docile des chiens de cirque. Sa personnalité était plus forte. Il était né pour être libre.

Vif-Argent s'était arrêté au pied de hautes pierres, dans un coin rocailleux de la montagne que l'obscurité engloutissait. Par-delà les cimes, il apercevait une lumière diffuse qui annonçait que la lune se levait. Pour voir où poser les pattes, le clair de lune lui serait bien utile et lui éviterait, dans la nuit noire, de ne se guider qu'au flair.

Mais quelle direction prendre ? D'abord, il avait fui la brutalité de l'hercule, puis il avait couru le plus loin possible afin d'assurer sa liberté recouvrée, et maintenant il rejoignait Louison... Comment ? Son seul flair ne lui servait pas à grand-chose. Louison était trop loin. Vif-Argent devrait faire confiance à sa vue, à son sens de l'orientation.

Vif-Argent pouvait vivre à l'état sauvage. Tous les chiens en sont capables, mais lui l'était plus que les autres. Encore chiot, il l'avait prouvé. Et, à l'heure actuelle, il était assez fort pour chasser, pour endurer de longues marches. Il était sûr de lui.

Un peu reposé, il décida de faire le tour de la montagne : ainsi il atteindrait le clair de lune. Il y parvint au bout de deux heures. Le paysage était toujours montagneux, mais les collines plus basses. Aucune lumière ne brillait. Il n'y avait pas de village ni de maisons.

Fatigué, Vif-Argent chercha un coin abrité où se coucher. Il se faufila dans une grotte. L'humidité le réveilla, à la pointe du jour. Ce froid sournois était pénible à supporter. Vif-Argent s'étira, se dégourdit les pattes. Il vit qu'au-dehors tout était noyé par la brume. Et dans la brume tintait une clochette.

D'où venait-elle ? Vif-Argent tendit l'oreille. Elle ne ressemblait pas aux sonnailles d'un troupeau. Qu'est-ce que c'était ? Le son était doux, ténu, celui d'un tout petit grelot.

Malgré le brouillard, la clarté de ce matin de mars était vive. Vif-Argent renifla autour de lui, bâilla et, comme si l'air qu'il avalait, la gueule béante, lui ouvrait l'appétit, il sentit qu'il devenait urgent de prendre le petit déjeuner. Et un petit déjeuner consistant. Sinon, ses forces allaient le trahir.

En chasse ! Il sortit de la grotte et descendit la pente, entre les fourrés. Le paysage était bouché. Il marchait, le museau au ras du sol, les oreilles mouillées par la brume qui tombait en gouttelettes imperceptibles. Son haleine devenait de la fumée. Sa vue était brouillée, mais, de temps en temps, il jetait un coup d'œil aigu.

Il entendait le grelot, de plus en plus près. Quel bruit étrange, dans cette solitude ! Il devait trouver d'où il venait, car les grelots sont toujours attachés au cou des petites bêtes...

« Une proie facile », se dit Vif-Argent.

Tout à coup, il stoppa net. Il tourna la tête sur sa droite. Cette odeur de viande... de bonne viande ! Il avança dans cette direction et il découvrit un terrier de lapins. Du fond du trou sortait le chaud fumet des petits animaux.

Impossible d'entrer. L'orifice était trop étroit. Et les galeries creusées par les lapins trop profondes. Mais comment un lapin portait-il un grelot ?

Vif-Argent comprit qu'une bête allait sortir du trou. Il se glissa sur le côté, les poils hérissés... Cette bête n'était pas un lapin... Plus le grelot sonnait, plus il en était certain. Vif-Argent se campa sur ses pattes. Il montra les dents, en silence.

Ce fut un furet qui se coula hors du terrier. Un long furet paresseux, sinueux comme un serpent. Vif-Argent vit briller son ravissant pelage. Le furet avait un museau pointu, des oreilles presque invisibles, des yeux ronds et la queue basse.

L'animal épia à droite et à gauche. Il devina la présence du chien, mais il n'eut pas le temps de se faufiler dans son abri... Une grosse patte lui écrasa le cou.

La chance était du côté de Vif-Argent, car s'il l'avait attrapé par le flanc, le furet aurait pu se retourner et mordre. Les furets ont des crocs pareils à des aiguilles et s'en servent avec férocité. Certains braconniers les utilisent pour chasser, bien que la loi l'interdise. Les furets débusquent les lapins et, à coups de dents, les font sortir des terriers. Les chasseurs n'ont plus qu'à tirer. Quelques-uns se facilitent le travail en bouchant l'issue du terrier avec du grillage...

Ce furet-là avait échappé à son maître (son grelot le prouvait) et il chassait pour son propre compte. Mais le terrier d'où il venait était vide. Le furet était pris à son propre piège.

Vif-Argent devait manger et, dans

la vie sauvage, le plus grand mange le plus petit... Est-il besoin de spécifier que Vif-Argent n'avala pas le grelot ni le collier ? Il le secoua, pour jouer. Il le leva très haut dans sa gueule, puis il le laissa tomber et partit en courant. Il continua sa route. Il but à un ruisseau qui traversait un pré de *pipirigallos* * et, à midi, quand la brume eut presque disparu, il se retrouva au pied d'une très haute chaîne de montagnes.

Il fallait l'escalader, il le savait. Son instinct lui soufflait d'aller vers le levant. Eh bien, oui... Il allait lui obéir.

Il grimpa tout le long du jour. Au crépuscule, il avait si faim qu'il dévora quelques grenades tardives qu'il dénicha sous un arbre. Elles n'étaient pas bonnes. Il passa non loin d'une cabane de bergers, et aperçut

* Plante dont la fleur rouge ressemble à la crête d'un coq (*gallo* = coq). On la trouve dans les champs, mais on la cultive aussi dans les jardins.

un troupeau de brebis dont les chiens aboyèrent. Le berger poussa des cris que l'écho rapporta. D'autres bergers lui répondirent, dans le lointain.

La nuit vint. Vif-Argent montait toujours. Il cherchait les étendues plates, les prés, les chemins étroits. Il ne voulait pas coucher dans une grotte. Il voulait trouver une habitation. Vers dix heures du soir, il découvrit une bergerie. En bas, au milieu du pré. De la fumée s'échappait de la cheminée, mais aucune lueur ne filtrait par ses deux petites fenêtres. Vif-Argent était à cinq cents mètres de la maison. Il allait griffer à la porte, réclamer un abri et une écuelle de soupe. Il ignorait que, dans la soirée, le berger l'avait pris pour un loup... Il avait alerté ses compagnons. Tout le pays était sur le pied de guerre, prêt à abattre le fauve.

On avait vu un couple de loups, quelques jours plus tôt (au printemps, cela peut arriver) et les bergers

étaient certains qu'il n'avait pas quitté la région.

La lune illuminait la maison. Derrière les volets clos, deux hommes attendaient, le fusil à la main. La faim et l'envie de dormir au sec poussaient Vif-Argent à s'approcher. Les bergers l'épiaient, par une fente du volet. Ils l'avaient vu bouger, tout en haut du pré, puis descendre lentement dans leur direction.

Vif-Argent entendit un bêlement très doux. Celui d'un agneau que les bergers avaient attaché au tronc d'un hêtre mort, pour appâter les loups et pouvoir les tuer plus facilement.

Ainsi, Vif-Argent était à deux doigts de terminer sa carrière contre le mur d'une bergerie, poste avancé d'une lutte sans merci. Il n'était pas sûr de l'accueil qui lui serait réservé là-bas. Il ne voyait que quatre murs, un auvent qui pointait. L'herbe était si glacée qu'elle brûlait.

L'un des bergers prit une paire de jumelles. Il scruta la silhouette qui était à environ deux cents mètres. Il dit à son camarade :

– Laissons-le venir. Nous pourrons le tirer sans problème dès qu'il sera à vingt mètres.

– L'agneau ne bêle pas de peur, tu as remarqué ?

De temps en temps, l'agneau jetait un petit bêlement. Il avait vu Vif-Argent. Il avait compris qu'il n'était pas dangereux. Donc, il ne bêlait pas avec l'angoisse et la tristesse de l'agneau qui sent l'approche du loup.

Le berger aux jumelles regarda de nouveau par la fente.

– Dis donc... C'est pas un loup !

– Non ! s'écria l'autre en posant son fusil.

– Un chien ! C'est un chien !

– Passe-moi les jumelles !

Après avoir bien observé, le deuxième berger déclara :

– Mon vieux, tu as raison. Il n'y a aucun danger. Si ce chien rôde depuis un bout de temps, les loups l'auraient déjà dévoré. Alors, ils doivent être loin !

Le premier berger suivait la progression de Vif-Argent qui ne prêta aucune attention à l'agneau. Et il entrebâilla la fenêtre. En l'entendant grincer, Vif-Argent s'immobilisa et leva la tête.

– Petit, petit... appela le berger.

Vif-Argent remua la queue, lança un jappement et prit sa course vers la maison. Les hommes lui ouvrirent la porte. Après quoi, ils allèrent délivrer l'agneau et le mirent à l'abri. Vif-Argent attendait sur le seuil.

– Rentre, lui ordonna l'un des bergers.

Les bergers sont des gens qui généralement aiment les chiens, car ceux-ci sont leurs collaborateurs les plus proches.

Ils considérèrent Vif-Argent, pendant un moment, le caressèrent, puis lui tendirent un bout de lard rance. Vif-Argent n'arrivait pas à y croire : voilà que des inconnus lui offraient à manger ! La lampe à huile jetait une faible lueur rougeoyante. Et le berger, la main en l'air, proposait le lard à Vif-Argent. Celui-ci eut une soudaine inspiration : il fit deux cabrioles à la suite, puis il ouvrit la gueule pour réclamer sa pitance.

Les bergers rirent de bon cœur. Ils lui donnèrent la tranche de lard et, après lui avoir tapoté les flancs, l'installèrent dans un coin :

– Couche-toi là et préviens-nous si tu entends les loups, hein ?

Lorsqu'ils éteignirent la lampe, Vif-Argent les entendit murmurer :

– Le loup que l'autre a vu, tout à l'heure, c'était sûrement ce chien perdu... Il y en a qui ont des visions...

12. Un gobelet au bout de la queue

Vif-Argent demeura quelques jours avec les bergers. Il les contemplait avec plaisir lorsqu'ils sortaient le troupeau et le menaient dans les prés bordés d'arbres au bois très blanc. Les brebis passaient une grande partie de la journée dehors, et vers la fin de l'après-midi les bergers les ramenaient au bercail.

Mais Vif-Argent ne comprenait rien au comportement des chiens de bergers. C'est une race très particulière. Ils sont si profondément imprégnés de leur travail (jusqu'à la moelle, pourrait-on dire) qu'il est impossible de les en distraire.

Lorsque Vif-Argent, pour jouer, se précipitait sur eux, les chiens le chassaient avec des aboiements furieux... et se dépêchaient d'aller poursuivre le troupeau. Quelle idée ! Ils auraient mieux fait d'essayer de l'attraper, lui ! Ç'aurait été beaucoup plus drôle !

Mais les brebis prenaient bien la chose : elles obéissaient sans broncher. A croire que les chiens trouvaient amusant de grouper les moutons, courir autour d'eux, et rester assis des heures et des heures afin de veiller à ce qu'aucune bête ne s'éloigne.

Pour parler franchement, Vif-Argent s'ennuyait à mourir. Il décida d'aller vérifier si le groupe de bergers qu'il apercevait en bas, vers la vallée, était plus rigolo. Il partit un après-midi.

Il savait qu'il ne reviendrait plus jamais à la bergerie. La vallée lui plaisait mieux.

A peine l'aperçurent-ils que les bergers l'injurièrent et que leurs chiens, tous plus grands que Vif-Argent, aboyèrent. Il resta à distance. De temps en temps il gémissait, avec l'espoir de se faire accepter.

A la fin de l'après-midi, Vif-Argent s'en vint rôder autour de la ferme où ces gens habitaient. Il se faufila dans un petit enclos et il resta saisi : une chèvre le regardait. Mais pas n'importe quelle chèvre. Il ne s'agissait pas d'un de ces petits animaux maigres qui vivaient parmi les brebis, non, cette chèvre avait d'immenses cornes tordues, une longue barbe et elle considérait Vif-Argent d'un sale œil.

Quelle chèvre gigantesque ! Et dire qu'il était allé se fourrer entre ses pattes ! Il lança un regard à l'énorme bête et lâcha un faible jappement. Qu'on le tire de ce mauvais pas ! Vite !

Vif-Argent ignorait qu'il était face à un bouc. Il tenta de lui dire :

– « Salut ! Si on était amis ? »

Le vieux mâle cessa de mâchonner. Il émit un grognement qui lui sortait des entrailles, baissa la tête et fit un bond vers Vif-Argent.

– « J'ai dit amis », aboya Vif-Argent en faisant un saut de côté.

L'animal n'avait pas l'air de comprendre. Il poursuivit Vif-Argent, à travers tout l'enclos. Son front dur frappait contre les pieux de la palissade. Ses brames, ses coups de tête, ses piétinements faisaient un bruit d'orage.

Lorsqu'il recula pour charger, Vif-Argent en profita et s'enfuit. De la maison, une femme lui cria de filer. Un homme essaya de l'atteindre avec un bâton. Il était clair que ces gens ne l'aimaient pas. Vif-Argent ne comprenait que trop bien tous ces signes : bâtons, cris, cailloux...

Une heure plus tard, au coucher du soleil, il était toujours en route.

Il arriva à un village. Prudent, il l'évita. Dans un appentis, il découvrit un coin chaud où dormir, au creux de la paille. Ce point précis vérifié, il se mit en quête de son dîner. Il ne tenait pas à jeûner.

Un chien doit avoir un foyer. S'il va seul de par le monde, il est possible qu'il reçoive des caresses, mais il est beaucoup plus probable qu'on l'accueillera à coups de pied. Et, s'il s'empare de quelque chose à manger, on le traitera de voleur.

Vif-Argent était sûr qu'il était sur le chemin de « sa » ferme. Mais sa ferme était encore très loin.

Cette nuit-là, dans un coin du patio, il trouva de la nourriture destinée aux lapins. Il avait si faim qu'il dévora une livre de son. La bouche pâteuse, il alla se coucher.

Pas à pas, le lendemain, il recommença à parcourir les champs. Il voyait plus d'oiseaux que les mois passés et la couleur des plantes était plus vive. En milieu de journée, il faisait déjà chaud, dans la vallée.

Il atteignit une bourgade qu'il eut envie de visiter. On y voyait des cheminées d'usine, de blanches maisons, aux alentours, et des églises avec de jolis clochers.

Vif-Argent s'enfonça dans les rues. C'était jour de marché. Tout lui rappelait la Fiesta Mayor... Et il eut peur. Si des saltimbanques l'emportaient, une fois de plus ? Les villages en fête ne lui réussissaient pas.

Il avança à pas précautionneux. Avant de tourner un coin, il vérifiait, à la manière d'un être humain, avec des yeux attentifs, qu'il n'y avait pas de danger.

Tout à coup, il se retrouva dans une rue passante. Camions, tracteurs, voitures allaient et venaient. Vif-Argent se souvint qu'il avait voyagé en voiture... Mais il y avait si longtemps !

A la vue d'un tracteur vert, il dressa les oreilles. Toute sa vie, il aurait en mémoire le tracteur de Louison... Il suivit le trottoir, gênant les passants et recevant plus d'un coup de pied... mais il parvint à la hauteur du tracteur. Ce n'était pas celui de Louison.

Vif-Argent resta immobile, les yeux éteints par la tristesse. Il se lécha le museau. Puis il regarda d'un côté, de l'autre, et prit le chemin de la grand-place. La place du marché.

Il y avait foule. Certains achetaient, d'autres vendaient. Perchés sur des estrades de bois, des camelots vantaient leur marchandise, tandis que des paysans silencieux, derrière des chapelets d'ail, attendaient la clientèle.

Le spectacle plut à Vif-Argent. Il fourra son nez un peu partout. Il glissait la tête entre les jambes des hommes pour voir les veaux, les brebis, les machines agricoles. Ses narines se dilataient à l'odeur des beignets.

Pour le moment, personne ne l'avait pris à parti. La ville paraissait très accueillante.

Des applaudissements effrénés couvrirent un instant tous les bruits : ils venaient d'un des angles de la place. Vif-Argent se mêla au public.

Un homme masqué de noir, en justaucorps gris, faisait des démonstrations de force. Il tordait des barres de fer et tenait entre les dents, au bout d'un anneau, une grosse boule de métal...

Vif-Argent se faufila au premier rang. Comme c'était intéressant ! Plus que d'habitude. L'homme masqué se vantait et défiait les spectateurs : à lui tout seul, en tirant sur le bout d'une corde, il enverrait promener les six hommes qui se cramponneraient à l'autre bout !

Tout en criant son boniment, il s'approcha de Vif-Argent. Et Vif-Argent sentit ses poils se hérisser. Il voulut s'échapper, mais il resta pétrifié. L'homme s'approcha encore. Il tenait à la main un fil de fer, à l'extrémité tordue en boucle. D'un geste vif, il passa la boucle autour du cou de Vif-Argent. Alors Vif-Argent comprit que cet homme-montagne était l'hercule qui avait essayé de le tuer, une nuit. Par les trous du masque, l'homme avait reconnu le chien dont il voulait se venger.

Vif-Argent commença à se débattre. Le public n'y comprenait plus rien. L'hercule tirait sur le fil de fer. Il aurait étranglé le chien si la foule ne s'était mise à protester :

– Qu'est-ce que vous faites ? Lâchez ce chien ! Il ne vous a rien fait !

– Je connais ce chien...

L'homme tentait de l'attirer à lui.

– Il est enragé, je le sais. Vous devriez me remercier.

Quelqu'un se précipita et empoigna l'homme par le bras. D'autres suivirent son exemple. Ils firent lâcher prise à l'hercule. Ils lui arrachèrent le fil de fer.

– Regardez son collier, cria-t-il, le chien s'est échappé d'un cirque ! C'est un chien errant !

Vif-Argent réussit à se dégager et il profita du tumulte pour s'éloigner, tandis que des gardes municipaux accouraient. Mais s'arrêta. Il entendait encore les cris de l'hercule, et il n'avait plus la force de continuer. Il souffrait du cou, du crâne. Il ne pouvait plus respirer et bougeait la tête avec peine. Il se raidit sur ses pattes pour ne pas tomber. Quelqu'un le rejoignit :

– C'est peut-être vrai qu'il est malade.

– L'hercule a sans doute raison !

– Regardez son collier... Il s'est enfui d'un cirque. C'est vrai.

Personne n'osait toucher Vif-Argent, de crainte qu'il ne morde. Vif-Argent en aurait été incapable. Il ne comprenait rien à tout ça mais comprenait uniquement qu'il était en danger.

De longues minutes s'écoulèrent. Les gens s'attroupaient. Et Vif-Argent n'avait même pas le courage de lever les yeux. Tout à coup, il aperçut une charrette semblable à un cube sur roues. Du cube sortaient des aboiements...

Il était assez grand, maintenant, pour que le danger le fasse réagir instantanément. Cette charrette... C'était trop. Des hommes allaient l'attraper, l'enfermer... « Pas enfermé, se dit Vif-Argent, pas enfermé ! » Tout, mais pas ça.

Il recula entre les jambes des gens et se sauva. Il respirait avec difficulté. Arrivé à un coin de la place, sans réfléchir, il grimpa dans une fourgonnette qui démarrait : elle était si chargée que le hayon était resté ouvert.

Vif-Argent s'installa comme il put entre des bouts de bois et des cageots. En un clin d'œil, il fut hors du bourg. Une heure après, il était loin. Il somnolait.

Avant de s'engager sur la route nationale, le chauffeur arrêta la voiture pour vérifier son chargement. Et il découvrit Vif-Argent et le considéra un moment. Et Vif-Argent le regarda aussi. C'était un homme maigre, au regard froid.

Que faire ? Vif-Argent n'en pouvait plus d'être maltraité, d'être obligé de fuir : il ne bougea pas. Il se contenta de remuer la queue. Il attendit le bon plaisir de l'homme. Celui-ci finit par parler :

– Très bien, mon garçon, tu es monté sans demander la permission. Je ne suis pas de ceux qui battent les chiens... Mais je ferai mieux, tu vas voir !

De sous le tas de bois, il récupéra un quart tout neuf, et à son anse il noua un cordon de plastique.

– Je vends ces gobelets, tu vois... Et ça m'est bien égal d'en perdre un si j'arrive à te punir. Tu m'entends, petit ?

Vif-Argent remuait la queue sans comprendre goutte. L'homme lui passa une main douce sur le dos, lui attacha le quart à la queue et le fit descendre avec précaution de la fourgonnette.

Lorsque Vif-Argent sauta par terre, le quart rebondit sur l'asphalte. Effrayé, Vif-Argent se retourna pour voir ce que c'était. Le quart rebondissait à chacun de ses mouvements. Il partit à fond de train comme s'il allait s'en délivrer, mais le quart résonnait de plus en plus fort.

Vif-Argent aboya, gémit, se roula sur le sol, avant de s'élancer à travers champs. Il laissait loin derrière lui la route, la fourgonnette et l'homme. Ce dernier se gratta la tête, alluma une cigarette et repartit.

Vif-Argent, mis en rage par cette plaisanterie douteuse et par le bruit affolant du métal, courut pendant des heures et des heures. Il but l'eau d'une flaque. Il se retourna dans tous les sens pour se débarrasser de son boulet.

Il mordit en vain le cordon de plastique. Chaque fois qu'il apercevait le gobelet, il sursautait d'épouvante. Il geignait, tout seul. Il marchait en crabe par des chemins qui lui paraissaient très tristes.

Les hommes sont mauvais. Les chiens seuls au monde doivent s'en méfier, toujours... Il tremblait d'être méprisé, abandonné, meurtri.

Sa queue était endolorie par le frottement du cordon dont le nœud se resserrait encore, plus il courait. Par moments, il se couchait pour dormir. Et il sursautait, dans son sommeil, il pleurait.

Il n'avait même pas envie de manger.

Au lever du soleil, il vit des montagnes aux cimes enneigées, à l'horizon. Et, plus près, le chemin qui serpentait dans la vallée. L'air de l'aube lui apportait des parfums si vifs qu'il avait l'impression de sentir quelque chose qui était tout proche... Pourtant, il n'y avait jamais qu'une pinède, pas loin, la terre labourée en contrebas et des huertas.

Des deux côtés du champ labouré s'étendait un herbage, piqueté de coquelicots. Vif-Argent goba au vol deux sauterelles. Il regarda à droite, à gauche. Il se sentait fébrile. Dans l'air si pur, il perçut un bruit familier... Oh, presque imperceptible... Mais ce bruit... ce bruit...

Il essaya de s'orienter. Le soleil arrachait à l'ombre certains coins de la montagne. Et Vif-Argent entendit le bruit familier : il était `plus net. Alors, il s'élança vers lui, comme un fou. Il oublia le gobelet qu'il traînait, tant il sautait, tant il courait.

Cela dura une demi-heure. Le va-et-vient du gobelet lui donnait mal au cœur, l'effort de la course allait le faire tomber et il avait si mal au dos !

Il s'arrêta net. Le cordon s'était pris entre les dents d'une fourche déposée à l'angle d'un champ. Vif-Argent eut beau se démener : impossible de se libérer !

Il entendit à nouveau le bruit. C'était un ronflement régulier, rythmé, beaucoup plus fort. Vif-Argent tira sur le cordon avec l'énergie du désespoir. De l'écume moussait à ses babines.

Le cordon cassa.

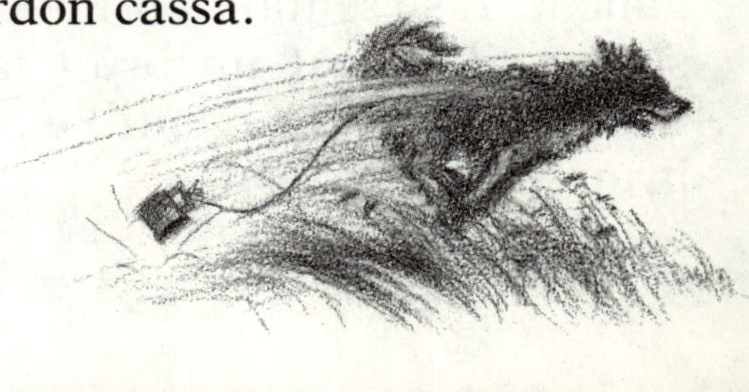

13. Le dernier effort

Ce fut une course échevelée.

Vif-Argent bondissait par-dessus les ronces, les arbustes, il tombait, parfois. Il était sourd aux cris des oiseaux. Il dévalait, dévalait, vers sa délivrance.

Il souffrait du dos, des pattes, sa langue pendait. Pour respirer, il devait tendre le cou. Mais, sans ralentir une minute, comme s'il devinait que cette folle galopade était la dernière, il se ruait en direction du soleil levant.

L'air du pays ! Il le reconnaissait si bien ! Il ne pouvait pas se tromper.

Son cœur battait comme un tambour. Par bouffées lui parvenait le bruit régulier de ce moteur qu'il aurait reconnu entre mille. Inutile de se demander si ce tracteur était vert ou rouge, si on l'avait repeint ou s'il s'était rouillé : c'était le tracteur de Louison.

Et la terre de Louison. Quelque part par ici se trouvaient la ferme, ses amis, le patio plein de paille, la grande aire avec ses fagots qui s'entremêlaient à l'herbe poussée entre leurs branches. « Vas-y, mon garçon, s'encourageait Vif-Argent, vas-y, tu es au bout de tes peines ! »

Un bref instant, il s'arrêta, parce qu'il avait vu quelque chose dont la couleur ressortait, au creux des roseaux. Dans une espèce d'assiette de brindilles, il y avait deux petites boules blanches.

Les yeux écarquillés, les pattes tremblantes, Vif-Argent s'approcha : c'était un nid de tourterelles.

Eh bien, oui, il s'agissait de deux

petits œufs blancs, fragiles, protégés par les branchettes que savent entrelacer les oiseaux.

Vif-Argent n'y toucha pas. Il se moquait des nids, il se moquait des œufs. Il n'aurait même pas perdu son temps à manger un poulet rôti. Son seul but était d'arriver ! Arriver !

Il traversa une vigne ventre à terre, il fit un bruit d'enfer parmi les feuilles toutes neuves et les sarments à peine poussés. D'un bond, il franchit le chemin qui le séparait de l'herbage, de l'autre côté.

Et il tomba à l'eau. Celle d'une rivière. Il pataugea entre les joncs. Des poissons étincelants jaillissaient autour de lui pour replonger aussitôt, comme s'ils jouaient. Il vit palpiter les ailes rouges d'une libellule dont le corps aux gracieuses courbes avait l'éclat du vieil or.

La rivière s'écoulait, boueuse. Vif-Argent s'affermit sur ses pattes, il avança jusqu'au milieu du courant et se mit à nager en tendant le cou, les oreilles rabattues en arrière. Sa queue douloureuse lui servait de gouvernail.

De l'eau montaient mille relents : les algues, les roseaux pourris, à demi ensevelis. Et le bruit du moteur semblait onduler, à la surface...

Vif-Argent prit pied sur l'autre rive. Il s'ébroua, il toussa. Surprises, deux grenouilles sautèrent à l'eau, telles deux pétards qui éclatent.

Cela sentait la fumée. On devait brûler des mauvaises herbes quelque part.

Vif-Argent grimpa jusqu'en haut du talus. Lorsqu'il entendit aboyer, il répondit. Il se mit à courir sans cesser d'aboyer, les yeux mi-clos, la respiration haletante.

Dans toute la vallée, dans tout le pays, personne n'allait aussi vite que Vif-Argent, en cet instant. Une voiture n'aurait pas pu le rattraper. Vif-Argent volait. Tout le temps qu'il le put. Jusqu'au bout de ses forces.

Maintenant, il marchait, tombait, se relevait. Et il ne s'en rendait pas compte, il croyait toujours courir. Vif-Argent était exténué.

Soudain, il s'effondra sur le sol et ne bougea plus, le ventre dans la poussière, la tête abandonnée, les oreilles tombantes. Il comprit qu'il n'atteindrait jamais la maison... Elle était trop loin... Pourtant, il le fallait... Il fallait rentrer à la maison !

En sortant de l'eau, il s'était blessé une patte à des éclats de verre, elle saignait. Mais ce n'était rien... On allait la nettoyer, cette patte, on la banderait. Et, comme le jour du renard, on serait aux petits soins pour lui.

Des aboiements lointains le galvanisèrent. Il se remit sur ses jambes. Il marcha encore une bonne heure. Il s'arrêtait, de temps en temps, il léchait son pied blessé. Ses yeux se fermaient d'épuisement.

Et il reconnut les arbres. Les arbres du Plateau d'en haut ! C'était ici qu'il trouvait les bolets, c'était ici que Louison l'avait enfoui dans un cabas lorsqu'il était petit. A l'heure actuelle, il aurait besoin d'un grand sac pour le transporter !

Il n'y avait personne. Vif-Argent n'entendit plus les cris des chiens ni le bourdonnement du tracteur. Il devait être midi. Et Vif-Argent n'avait plus d'odorat : son museau était tellement enflé qu'il ne pouvait sentir que ce qu'il avait sous le nez.

Un tremblement le parcourut. Il recula jusqu'au chemin et s'affala à l'ombre d'un chêne énorme.

Alors, il avait fait tout cela pour rien ? Ses forces l'abandonnaient au dernier moment... Et s'il mourait ? Il n'avait rien mangé, il n'avait bu qu'un peu d'eau de la rivière, ses babines étaient maculées d'une mousse sale.

Il respirait par saccades, les yeux fermés, écrasé par un sommeil pesant. Les bruits, autour de lui, devenaient indistincts. Tout semblait se taire.

Lorsqu'il entendit aboyer, il fut

incapable de bouger. Pour le premier passant venu, il n'aurait été qu'un chien mort. Allongé, les pattes raides comme des bâtons, décharné, son poil plâtré de boue, Vif-Argent n'avait même plus le courage de remuer les oreilles pour en chasser les mouches. Le sang coagulé faisait une tache noire, sur sa patte.

C'est ainsi que Rizotto le découvrit. Ou, pour être plus exact, Sanda. Elle courait devant Rizotto à la rencontre de Louison qui venait les chercher, avec le tracteur. Elle se mit à aboyer. Puis elle s'approcha à pas lents, la truffe au ras du sol, les oreilles dressées. Elle flaira Vif-Argent pendant quelques instants, tourna autour de lui en gémissant à la manière du braque qui trouve un gibier mort. Tout à coup, elle remua la queue. Et elle commença à lécher Vif-Argent.

Surpris, Rizotto se grattait la tête. A quelle catégorie appartenait cette chose innommable ? Lorsqu'il reconnut Vif-Argent, il poussa un cri et s'agenouilla pour le palper. En se relevant, il murmura :

– Comment a-t-il pu revenir jusqu'ici ?

Vif-Argent n'émettait aucun son. Il était englouti dans un sommeil si profond qu'il n'entrouvrit que des yeux d'aveugle, un bref instant.

Le tracteur remontait le chemin. Il était encore loin. Il avançait sans se presser. Et Louison chantait. Quand il arriva, il vit Rizotto, pensif, et Sanda qui reniflait un corps jeté par terre. L'étrange scène ! Louison la regarda avec stupeur. Il mit le frein. Et, soudain, il poussa un hurlement :

– Vif-Argent !

Alors, Vif-Argent bougea la queue. Il essaya de soulever la tête mais il la laissa retomber. Il respirait encore plus vite.

Louison contempla ce pauvre débris. Puis il mit un genou en terre et il lui caressa le front.

– Vif-Argent, mon tout-petit... dit-il d'une voix cassée.

La queue de Vif-Argent remua plus vite. Il ouvrit grands les yeux et gémit. Au prix de beaucoup d'efforts, il lécha la main de Louison.

Celui-ci s'adressa à Rizotto :

– Où l'as-tu ramassé ?

Rizotto répondit que c'était ici même... Et qu'il semblait mort. Louison fit tourner le collier de Vif-Argent. Il lut « Cirque Monumental ». Indigné, il ouvrit la boucle et jeta le collier, très loin.

Ils gagnèrent la ferme avec le tracteur que conduisait Louison. Rizotto, assis sur le garde-boue, surveillait Vif-Argent, étendu sur une litière de sacs.

Vif-Argent se sentait un peu mieux. De temps en temps, il levait la tête. Il regardait Louison, d'un regard profond, intense. Sanda courait devant le véhicule, ou derrière.

L'oncle Pablo allait rentrer le cheval à l'étable, mais, lorsqu'il vit les deux hommes sauter du tracteur, puis y saisir quelque chose avec précaution, il lâcha le cheval et se précipita.

Il eut un hoquet en reconnaissant Vif-Argent.

La tante Nora sortit de la cuisine :

– Allez ! Le *cocido** refroidit ! cria-t-elle.

Mais l'attitude des trois hommes excita sa curiosité. Cérémonieux, ils transportaient un sac. Elle vint y mettre son nez :

– Encore un chien ? grommela-t-elle, mais qu'est-ce que vous croyez ?

Vif-Argent tourna la tête, et la tante resta la bouche ouverte.

– C'est un miracle ! finit-elle par s'exclamer.

L'oncle murmura :

– Pauvre animal ! Comme il a dû souffrir !

Louison prit les choses en main :

– Je ne mange pas tout de suite. Je vais laver le chien et l'installer au

* Pot-au-feu.

mieux pour qu'il reprenne des forces.

Et lorsqu'il fut à l'intérieur avec les autres :

– Comment te sens-tu ? demanda-t-il à Vif-Argent qu'on avait déposé par terre.

Vif-Argent se redressa. Son regard était encore vague, mais il réussit à s'asseoir, puis il se mit debout, et fit le tour de chacun en remuant la queue. Il pointait du museau pour lécher les mains qu'on lui tendait.

Tout le monde soupira de soulagement.

– Il n'a rien, il a dû courir comme un loup, le pauvre petit, remarqua Rizotto.

Vif-Argent bâilla, puis il inclina le cou et baissa la tête.

– Qu'est-ce qu'il fait ? interrogea l'oncle Pablo avec stupeur.

Ce qu'il faisait ? Vif-Argent n'allait pas se laisser cajoler par les uns et les autres sans avoir un petit geste. Faisant fi de sa fatigue, il serra les mâchoires et exécuta sa célèbre cabriole.

Après, sous les acclamations, il partit tout droit à la cuisine, suivi de la tante Nora.

Table des matières

l'Atelier du Père Castor présente

la collection Castor Poche

La collection Castor Poche vous propose :

- des textes écrits avec passion par des auteurs du monde entier,
  par des écrivains qui aiment la vie,
  qui défendent et respectent les différences ;
- des textes où la complicité et la connivence entre l'auteur et vous se nouent et se développent au fil des pages ;
- des récits qui vous concernent parce qu'ils mettent en scène des enfants et des adultes dans leurs rapports avec le monde qui les entoure ;
- des histoires sincères où, comme dans la réalité, les moments dramatiques côtoient les moments de joie ;
- une variété de ton et de style où l'humour, la gravité, la fantaisie, l'émotion, la poésie se passent le relais ;
- des illustrations soignées, dessinées par des artistes d'aujourd'hui ;
- des livres qui touchent les lecteurs à différents âges et aussi les adultes.

Un texte au dos de chaque couverture vous présente les héros, leur âge, les thèmes abordés dans le récit. Vous pourrez ainsi choisir votre livre selon vos interrogations et vos curiosités du moment.

Au début de chaque ouvrage, l'auteur,
le traducteur, l'illustrateur sont présentés.
Ils vous invitent à communiquer,
à correspondre avec eux.

CASTOR POCHE
Atelier du Père Castor
4, rue Casimir-Delavigne
75006 PARIS

421 **Le mouton noir et le loup blanc**
par Bernard Clavel

Trois histoires amusantes mettant en scène des animaux qui ont des préoccupations bien humaines. *Au cochon qui danse,* où un cochon veut être célèbre. *L'oie qui avait perdu le Nord,* Sidonie tente d'entraîner les oiseaux dans son sillage. *Le mouton noir et le loup blanc,* l'amitié d'un loup et d'un mouton, ligués contre les hommes.

422 **La neige en deuil (Senior)**
par Henri Troyat

Isaïe Vaudagne et son frère Marcellin vivent au hameau des Vieux-Garçons. À la suite d'un accident de montagne, Isaïe a dû abandonner le métier de guide. Marcellin ne supporte plus leur vie misérable. Un avion s'écrase sur un sommet proche, Marcellin veut piller l'épave, mais pour cela il a besoin de son frère...

423 **La route de l'or**
par Scott O'Dell

Le capitaine Mendoza est animé par la fièvre de l'or ; le père Francisco veut sauver des âmes ; seule la géographie passionne Esteban... Une grande expédition réunit ces hommes que tout sépare. L'or déclenche bien des passions, même chez le plus pacifique des hommes.

424 **Cher Moi-Même**
par Galila Ron-Feder

Yoav, enfant d'un milieu défavorisé est placé dans une famille d'accueil à Haïfa. Il doit rédiger son journal et se prend vite au jeu. Récits cocasses et serments de vengeance, petits triomphes et gros chagrins, le journal reçoit tout en vrac. Un jour, Yoav a une bien meilleure idée de confident.

425 **Sur la piste du léopard**
par Cecil Bødker

Une nouvelle fois le léopard emporte un veau de Tibeso, le gardien du troupeau. Il part alors au village voisin chez le grand sorcier chercher conseil. Mais le léopard n'est pas le seul responsable des vols, Tibeso le sait, et les brigands savent aussi qu'ils ont été découverts par un enfant. C'est le début d'une course poursuite haletante...

426 **Un véritable courage**
par Irene Morck

Depuis toute petite, Kéri lutte contre la peur. Peur des vaches, peur des autres enfants, et surtout peur de galoper sur la jument que ses parents viennent de lui offrir. Une excursion à la montagne avec sa classe lui donnera l'occasion de prouver à tous que, confrontée à l'épreuve, elle ne se dérobe pas...

427 **Prisonniers des Vikings**
par Torill T. Hauger

Lors d'un raid viking en Irlande, Patric et Sunniva sont capturés et emmenés en Norvège comme esclaves. La société viking obéit à des lois biens étranges et biens rudes pour deux enfants catholiques. Bientôt, ils profitent d'une attaque pour fuir vers l'Islande, reverront-ils un jour leur terre natale ?

428 **Au nom du roi**
par Rosemary Sutcliff

Damaris a grandi au pays de la contrebande, elle en connaît tous les signes. Cette nuit-là, un homme blessé fait partie du chargement, il fuit la gendarmerie. Qui est-il ? Damaris a-t-elle raison de lui porter secours en secret ?

Cet
ouvrage,
le deux cent
quarante-huitième
de la collection
CASTOR POCHE,
a été achevé d'imprimer
sur les presses de l'imprimerie
Maury Eurolivres SA
45300 Manchecourt
en janvier
1994

Dépôt légal : avril 1989.
N° d'Édition : 17631. Imprimé en France.
ISBN : 2-08-161978-4
ISSN : 1147-3533
Loi n° 49-956 du 16 juillet 1949
sur les publications destinées à la jeunesse